사회계몽론

.

The Social Enlighten Theory

사회계몽론

우리의 이성과 이상,
그리고 권태와 의무 그 사이에서

송원영 지음

좋은땅

근대 이성주의와 계몽사상을 바탕으로 사회를 바라보는
비판적인 태도의 함양

우리는 허영심과 자만심, 감정적인 착각들을 불러일으키는 인간 본성에 이끌려 살아가는 경우가 대다수이다.

우리는 우리의 사회가 얼마나 부패하였는지 알고 있을까, 알고 있다면 행동하지 않는 이유는 무엇인가?

우리는 빠르게 변화해 가는 정보화 시대에 살아가고 있다.

이 말은, 우리가 듣던 시시콜콜한 미래의 변화를 대비하라는 소리가 아니라, 우리가 살아가는 삶에 대한 이야기를 의미한다.

하루에 수천 가지의 정보들을 받아들이고 있다고 하여도 과언이 아닌 시대에 살아가고 있는데, 과연 그 정보들을 걸러 듣는다거나, 비판적으로 수용한다고 자신 있게 말할 사람이 몇이나 있겠는가.

비판적인 삶의 태도를 어떻게 함양하는가의 예시로, 데카르트의 삶의 방식에서 그러한 태도를 함양할 수 있음을 깨우칠 수 있다.

다들 알다시피, 데카르트는 "나는 생각한다. 고로 존재한다."라는 명언을 남겼는데, 이 말마따나 세상의 모든 것을 증명해 낼 수 없는 가설이라고 가정하고서는 부정할 수 없는 한 가지의 사실, 지금 생각하는 주체인 '나'는 어떤 형태로든 간에 존재할 수밖에 없다는 결론에 다다르게 된다.

철학의 강의를 이 서적을 통하여 하려던 건 아니지만, 우리는 여기서 어떠한 태도를 지향해야 하는지 알 수 있다.

'섣부르게 결정하지 말라, 모든 것을 의심하고 비판적으로 수용하라, 객관적인 시선에서 판단하여라.'와 같은 태도를 알 수 있다.

우리에게 익숙한 주제로, 우리에게 벌어진 예시를 한 가지 들어 보자.

우리는 예전 라면의 기름을 쇠기름에 튀긴 유탕면을 제조하던 시절이 있었다.

팜유보다 건강에도, (이것은 개인적인 기준이지만) 대부분의 사람들에게 맛에도, 더 우월한 쇠기름은 '공업용'이라 잘못 알려진 사실과 그릇된 정보 수용 태도의 하나만으로 더 저렴하고, 상대적인 영양학적으로 몸에 좋지 않은 팜유로 만든 유탕면을 먹게 되었다.

우리 주변에서의 예시는 이것뿐만이 아니다.

혹시 뉴스에서 '화성 연쇄살인 사건'의 억울한 피해자를 본 적이 있는가?

당시의 사회는 그런 것을 따질 여력이 아니었다.

국민들은 분노하였고, 당장 수사에 여력을 다해 집어넣으라는 여론이 들끓어, 수사 기관들에 압박 아닌 압박을 주어 결국 죄 없는 선량한 시민과 그의 가족의 삶을 나락으로 빠트렸다.

이처럼 내가 말하고자 하는 바는 명확하다.

비판적으로 수용하라, 이성적으로 생각해 보라, 객관적으로 생각해 보아라, 원칙에 입각하라.

이러한 주장들이 의미하는 것은 즉, '짐승이 아닌 인간다워지라는 것이다.'
이성적으로, 비판적으로, 인간이 짐승과 구별되는 기준을 명확히 하라!
감정에 휩쓸려 살아가는 우리는, 동물과 다를 바 없을 테니까.

감정적이지 않았다면, 우리는 억울한 피해자와 그의 불행한 가족을 구했을 것이다.

합리적 원칙의, 무죄추정의 원칙을 지켰다면, 우리 사회는 이러한 불상사를 막을 수 있었다.

만일 우리가 객관적으로 살아왔다면, 우리는 이미 4세기도 전에 죽은 근세의 철학자를 들먹이며 사람이 되려고 또 다른 100일간의 쑥, 그리고 마늘의 여정을 거치지 않아도 되었다.

하지만 동시에, 우리의 본성은 객관적이지 못한, 본성적으로 우리의 감정에 의존하는 경향이 존재한다.

이 때문에 우리는 감정적인 사유로 그릇된 판단을 내리고는 하는 경우가 더러 존재한다.

하지만 이것을 비난하거나 힐난할 생각은 존재치 않는다.

우리의 생물학적 본성인 생존적인 천성을 사유하여, 언제나 그랬듯이 결국 그것을 통제하며 합리적인 판단을, 냉철한 이성을 갖추어 문제들을 해결할 수 있음을 알고 있기 때문이다.

그리고 필자 또한 실패와 실수를 거듭하는 평범한 인간이자, 앞으로 같이 독자들과 마찬가지로 여러 가지 문제에 대해서 사유해 볼, 오히려 더 변변찮은 존재이기 때문이다.

우리는 이러한 지식, 이성의 계몽을 거쳐 사회에 관한 여정을 시작하려 한다.

시작이 절반이라 하였던가, 우리가 드디어 인간이라 불릴 수 있는 기준에 한 발짝 다가섰다.

우리는 이성을 가지고, 감정을 절제하며 욕구를 억누르는 그런 위대한 종이자, 사유하는 위대한 존재이다.

그런 의미에서, 필자 본인은, 나는 우리 사람들을 믿는다.

그러기에 사실 사회의 변혁은 감히 비루한 본인이 왈가왈부할 것은 아니다.

하지만 다가올 가능성에 조금의 가능성을, 조금만 더 더해 보려고 한다.

우리들의 이상을 다시금 디자인하는 것을 말이다.

앞으로 다가올 새로이 변화할 사회는 지금까지 우리가 사유해 왔던 문제들과는 다른 성격의 문제인, 기술적인 발전에 의하여 벌어질 것이기 때문이다.

다들 알고 있듯이 사회는 항상 합리를 추구하는 대중들에 의하여 이루어졌고, 앞으로도 문제가 발생했을 때에 그러리라는 것을 나는 믿어 의심치 않기 때문이다.

창세기의 야훼가 본인의 피조물인 두 벌거벗은 부부에게 그리하게 하였듯, 우리도 이제 동물들과 우리를 구분 지어 이름 붙일 수 있게 되었다.

우리는 벌써 감정적인 짐승에서 다시 한번 사유하는 인간이 되었다.

고작 A4 용지로 두 페이지 남짓 만에 말이다.

작금의 세상에서는 쏟아지는 주장들만큼보다도 더욱 그러하듯 굉장히 다양한 사람들이 있다.

자유라는 미명 아래 주장을 명분으로 책임은 존재하지 않고 원하는 것만을 얻으려는 탐욕스러운 사람들, 그리고 갈등을 조장하며 본인의 쾌락과 이익만을 추구하는 사람들, 이상 실현이 아닌 현실과의 타협이라는 궤변으로 우리를 흩뜨려 놓는 이기적인 사람들이 되어 간다. 이해할 순 없어도 한 가지 같은 점이 존재한다.

우리가 이해하지 못하는, 설령 그 부정한 일들이 우리의 추구로 인해 일어난 것이 아니라고 하여도, 과정을 통한 결과는 바로 그것이 우리의 회피하거나 부정할 수 없는 결과임을 말이다.

우리는 항상 이성의 개화를 통한 정당하고 절제된 분노로, 부정한 것들을 대하여야 한다.

전혀 그리 보이지 않는 인간들도 가진 하나의 공통점, 본인의 주장들과 정의론, 이상을 명분으로 한 사탕 발린 궤변의 존재들이며, 그리고 그러한 궤변에 속아 넘어간 것이든지, 아니면 모든 이론들을 부정하며 본인만의 이론으로 살아가는지는 중요한 것이 아니다.

모두들 본인이 속한 그 사회에 의무를 다하여야만 함을, 그 권한만큼의 책임과 주인의식을 스스로 사유하며 갖추어 가기를 기대하겠다.

또한 이 책을 집필하기에 있어 대중들이 손쉽게 알 수 있는, 이해하기 쉬운 진행형의 주제들이나 그 예시들을 주로 집필하고 있기에, 일상생활에서 비근한 사례들, 추상적인 자료들이나 전제들, 그리고 그에 대한 증거나 뒷받침, 그리고 이론들과 추론들을 또한 마찬가지로 잘 알려진 것들을 사용하였다.

그렇기 때문에 이 책은 그 출처들을 이러한 분야에 조금의 관심만 존재하여도 잘 알아볼 수 있기에, 출처와 전거를 일일이 나열하여 제시해야 하는 학술적인 관례를 따르지 않았다.

마찬가지로 예시로 든 상황의 추이나 인용한 사례들은 일반적으로 잘 알려진 것이기에, 인용 근거를 제시하지 않아도 금방 알아볼 수 있는 것들이다.

"지금까지의 철학자들은 세계를 해석하는 것에만 열중해 왔다. 하지만 중
요한 것은, 세계를 변혁하는 것이다."[1]

---

1) 카를 마르크스, 포이어바흐에 관한 테제 中

목차

본질의 사회
사회란 무엇인가?

수단의 사회

우리들은 무엇으로 사유해야 하는가?

변혁의 사회

이상으로 염원하는 사회, 결과로서 받아들일 사회

본질의 사회

꧁꧂

사회란 무엇인가?

1.

사회에 존재하는 역할들, 계층(대중인민, 관리인, 지식인)이 가지고 있는 능력들

이 주제에 들어가기 전, 우리는 사회가 무엇인지를 정확하게 짚고 넘어가야 한다.

사회란 무엇인가?

다수의 온갖 인간들이 모여 만든 하나의 군집이다.

한데, 우리는 왜 사회를 이루며 살아갈까, 우리가 사회적 동물로 태어난 이유를 탐구하는 게 아닌, 사회가 생겨난 이유를 생각해 보도록 하자(그렇게 변하게 된 까닭이라고 할 수는 있을 것 같다).

우리는 처음 태어날 때, 머지않아 삶을 인지하고 깨달았으며, 그리고 그다음으로 가장 먼저 인지한 사실은, 우린 모두 원체 불평등하게 태어났다는 사실이었다.

이를 두고 루소의《인간 불평등 기원론》에 따르자면 말이다.

우리의 등장과 그 등장의 순간부터 모든 인간은 불평등하게 태어나며, 그것은 인간이라는 생물종의 천성인 경쟁적인 면모에서 비롯된 것이리라.

현대의 우리가 생각하는 자산이나 명예, 지위나 좋은 배경과 같은 것들뿐 아니라 원시적인 사회에서의 기준으로도 말이다.

예를 들어 보자면 태생이 절름발이로 태어난 인간과 천연 스테로이드를 맞은 것 같은 친구를 비교해 보자면, 누가 더 사냥을 잘할지, 자기방어를 잘할지, 달리기를 잘할지를 생각해 본다면 이해가 될 것이다.

따라서 아무리 잘난 인간이라고 해도 비교적 우위를 갖는 것일 뿐 완전히 우위에 위치하거나 다른 이들을 모든 면으로 압도할 수는 없을 것이기 때문에 하나의 조합을 만든다.

그 하나의 조합은 '천부인권'의 실현, 평등의 실현을 목적으로 탄생하였는데, 그것이 바로 우리가 만들어 낸 초창기의 사회이며 물질의 통제를 이루는 신성한 관념이다.

물론 당대의 사회는 문화적으로 그 발전 단계나 수준이 지금과는 판이하게 달라 목적을 제외하고는 '생존'을 위해 뭉친 부족적인 성격이 더 강하다.

하지만 이는 사회의 발전과 시대의 흐름에 따라 점차 그 목적과 주인이 분명해져 왔다.

단순히 생존을 위해 뭉친 공동체적인 성격뿐만이 아닌 그러한 공동체가 가지는 진정한 의미에 대해 사유하기 시작하는 것으로 점차 우리가 인식하고 있는 작금의 '사회'의 모습으로 발전되어 갔다.

초기의 사회의 구성에 있어 그 선결 조건이란, 다수의 대중인민이 사회라는 조합을 형성함으로써 모인 대중인민들의 기본적인 인권을 보장받기 위한, 자유와 권리를 사회(를 통해 만들어진 정부에게) 임시로 이양하는 것이다.

이를 표현하길 관념적인 존재인 사회와 물질적인 존재인 대중인민들이 '계약'을 맺은 것이라고 한다.

물론 이러한 관념으로서의 존재만으로는 그 계약을 물리적으로나, 그와 비롯한 소수에 의하여 거부되어질 수 있기 때문에, 물질적인 계층인 대중에게 사회의 유지를 위한 결정권과 그 통제력은 대중에게 존재한다.

이는 단순이 그 명분만이 아닌 실질적인 통제가 필요하기에 그와 결부되어 나타난 필연적인 현상이라고 할 수 있다.

이러한 형식의 계약은 '갑'과 '을'이 명확하게 나누어져야 하는데, 그중 '갑'은 당연히 권리의 일부를 이양한 주체인 대중인민이 되어야 하며, '을'은 권리를 이양 받아 기본적인 인권을 보장한 사회이다.

이처럼 사회가 이루어지며 또다시 새로이 등장한 계층(또는 계급)이 생기기 마련인데, 사회의 발전 단계에 따라서 그 구분과 차이는 달라진다.

계층들 중, 방금 설명한 계약의 기초이자 그 계약의 주인이라 할 수 있는 이들은 당연히 첫째로는 보편적인 대중인민이라고 할 수 있으며, 그리고 우리가 살아가는 사회에서의 계층들 중 사회를 주도함으로써 권력을 잡은 이들이 존재하는데, 이들이 바로 사회를 선도하는 관리인(귀족, 부르주아), 엘리트 계층의 등장이다.

이것이 바로 방금 말한 《인간 불평등 기원론》의 결과인 '사회 계약론'이며, 이는 우리 사회를 포함한 모든 사회의 기본이자 토대라고 할 수 있는 관념이자 그러한 관념으로 맺어진 계약의 모든 수혜와 사회의 권리는 대중인민의 것이다.

그리하여 개인의 의지중 공동선을 지키고자 하는 의지들이 모여 보편 의지(일반 의지)를 이루게 된다.

그에 따라서 주권은 항상 국민에게 속하며, 양도될 수 없다.

국가는 그 대중들의 대리인으로서 법을 집행할 뿐이다.

하지만 현실적으로는 이런 방식은 작은 사회에서는 가능하지만 국가 수준의 큰 단위로 넘어가면 실현되기 어렵다.

개인은 일반 의지를 타인에게 양도할 수 없고, 법은 일반 의지를 실현하기 위해 제정된 것이므로 개인은 법에 복종해야 한다.

그리고 루소는 이 보편 의지의 실현을 위해 강력한 직접 민주주의를 제시하였다.

물론 그 사회의 결과에 대한 책임은 모든 사회 구성원의 책임이라고 할수 있다.

이에 대해서 누군가는 사회를 주도하는 관리 계층에 모든 책임을 전가하거나, 또한 주도권을 가졌기에, 본인의 의사로 이루어진 결과가 아니기에 그리하는 것이 옳다고 믿을 수 있다.

마찬가지로 당신은 그 사실에 대해서 비판적인 시각을 가질 수도, 본인의 책임이 아니라고 주장할 수 있을 것이다.

하지만 벌어지는 일을 우리가 이해할 수 없더라도, 사람들의 본성에 의해 자연스레 이루어진다.

이를 간략하게 설명하자면, 어떠한 사안에 대한 우리의 이해의 여부는 벌어진 결과를 뒤바꿀 수 없는 것인데, 지금 설명의 그것은 방금 전의 말 그대로이다.

이는 사건에 있어서 인간이 가지고 있는 도덕적인 규범과 개인의 상념과는 별개로서 결과론적인 사고로 행동과 부작위, 결과로 수반되는 이야기이다.

예시를 들자면, 우리가 핸드폰을 사용하다 바닥에 떨어뜨리고 나서, 화가 나거나 노여움을 느껴도 언제나 그러한 사건의 책임은 언제나 핸드폰의 주인인 우리에게 있다.

물건이 고장이 나면 그 책임이 주인에게 있다는 사실은 너무나 당연하며, 일단 여기서 중요한 점을 하나 짚고 넘어가도록 하겠다.

이것은 불합리하게 느껴질 수도 있는 사실이지만, 우리는 사회를 이룬 다음부터는 (최소한 그것이 민주정의 형태를 띠고 있는 국민주권 국가이거나 어떠한 방식이던 그것의 지지를 받는 그 어떠한 세력에 의해서라면 말이다) 우리의 사회로 인하여 만들어진 국가의 모든 선택으로 초래된 결과는 그 국가에 속한 모든 국민의 것이다.

다른 말로는, 사회를 구성하는 대중 계층들의 본질적인 책임이리라.

우리는 크나큰 힘인 사회를 변혁하거나 계약을 무효해 버릴 권리를 갖고 있지만, 그 사실을 인지하지 못하기에 선결문제의 오류로서, 자연스레 책임의 전가를 전제하는 것이다.

그러한 권리의 결과가 큰 책임을 수반하기 때문에 특히나 우린 점차 살아가며 우리가 책임을 지지 않는다는 가설을 의심조차 하지 않게 되어 간다.

예시를 들어, 나치 독일이 자행했던 수많은 전쟁 범죄들과 침략적인 대외정책, 극단적인 인종주의의 말초는 독일 국민의 지지와 이데올로기적 광신에 달려 있었다.

한마디로, 단순히 국가 사회주의 정당과 그 대표로 집권하여 총통이자 당수였던 히틀러 그 혼자만의 잘못은 아니다.

그것의 원인이 아닌, 기본적인 책임주체는 그들을 지지했던 독일 국민의 선택이었고, 그것에 대한 책임을 지는 것은 독일이라는 국가 그 자체로 이루어져야 한다는 것이다.

만일 그것을 원치 않았던 사람들이라도 싸잡아서 취급된다는 사실은 우리의 기저에서 발생하는 불편한 진실이다.

하지만 그러한 사실은 다른 이들이 보기에는 다를 게 없으니 의미가 없는 감정이라는 말이다.

예시로 우리가 이탈리아로 여행을 갔다고 가정해 보자.

즐겁게 관광도 하고, 커피도 한잔하려던 도중에, 어떤 친구들이 우리에게 다가와 인종차별적인 행동을 했다고 가정해 보자.

우리는 그런 불쾌한 대우를 받고서는 이탈리아라는 국가에 대한 인식이 어떠한 방식으로든 간에 나빠질 수밖에 없다.

무슨 인격적으로 예수의 재림이 아니고서는 그저 웃고 넘길 수만은 없을 것이다.

최소한 우리의 이탈리아인 인종에 대한 나쁜 인식까진 가지지 않을지라도, '이탈리아인'인 그 사람과 그러한 사회 주체의 공동체인 이탈리아라는 국가와 그 구성원들의 사회에는 우리가 다시 관광하기를 고려하였을 때, 비호감적인 감정과 생각을 불러일으킬 것이다.

물론 다른 이탈리아인들, 라틴 인종이 물론 전부 그렇지도 않을 것이고 오히려 억울해 할 수도 있지만, 우리가 가진 감정은 어찌할 수 없으니 도리가 없다.

불쾌한 감정을 느끼고, 그러한 일을 경험하였다는 사실이 우리의 판단에 영향을 줄 수밖에 없기 때문이다.

만일 그러한 사실에 대해서 개인이 완벽하게 공사를 구분하여 이해한다고 하여도, 다른 이들의 경험에 관한 상념들을 전부 모조리 바꿀 수도 없을 테니까(물리적으로도 관념적으로도 말이다).

인간들은 본래 천성적으로 경험에 의존하는 존재이다.

다시 우리의 본론으로 돌아와서, 모든 사회적인 계층이 책임을 진다고 하였는데, 아직 우리 이야기에서 등장하지 않은 하나의 계층이 존재하는데, 이들은 단순히 자연스레 발생하는, 지도하고 따르는 관계의 계층이 아니므로 따로 설명하겠다.

바로 지식인 계층인데, 이들은 방금 전의 계층들과는 다르게 책임과 그 책임을 위한 의무만이 아닌 또 다른 책임에 대한 의무가 하나 더 존재한다.

그들의 추가적인 의무는 사회의 결정권을 가진 대중인민 계층의 '권태(倦怠)'를 막는 것이 바로 그것이며, 여기서 일단 '권태'란 무엇일지에 대해서 설명하겠다.

각기 계층의 제 역할을 다하지 않고 개인적인 사유로 이익을 저지르는 것, 태만이나 반사회적 행동들을 모두 총괄하여 설명한다.

지도 계급, 관리자 계층은 권력의 사물화(事物化)를 통하여 가당치 않은 인물이나 다른 것에게 이양하거나 교묘히 대중을 속여 이득을 취하는 것, 제대로 대중을 이끄는 것이 아닌 제 이득에 치중하여 있는 것이 그들의 '권태'라고 칭할 수 있겠다.

예를 들어 보자면, 현재 우리 사회에서 '뜨거운 감자'로 대두되는 주제들, 젠더 갈등, 좌우 대립, 지역 갈등, 양극화, 세대 갈등과 같은 주제들은 사실 대다수가 그들의 이익을 위해 행동하는 인간들에 의해서 더욱 조장되며 부풀려진다.

바로 여기서 대중들의 '권태' 또한 설명되는데, 그 지경까지 자신들의 것을 관리하지 아니함과 본인들의 자유-의무를 누리기 위해 행동하지 않은 것, 또한 비판적인 태도의 부재로 비이성적인 분열과 선동의 광신도로서 사회를 좀먹는 것이 바로 대중인민의 '권태'이다.

여기서 아까 본인이 사회의 책임을 강조했던 연유가 드러나는데, 바로 사회구조의 대부분을 차지하는 대중인민의 권태를, 사회의 주인인 대중인민이 가장 큰 책임을 지기 때문이다.

관리자의 계층은 사리사욕을 위해 필연적으로 부패하는 일부가 나오기 마련이며 이것에 현혹되어 분열된 사회로서 그들에게 이익을 가져다주는 대중들과 자신의 사회를 돌보지 못하는 대중들, 이것을 견제하며 사회의 올바른 자정작용을 유도하는 계층, 그리해야만 하는 의무가 있는 계층이 바로 '지식인' 계층이다.

자동차의 부품으로 비유하자면, 사회의 액셀러레이터의 역할을 엘리트 계층이 담당하며, 브레이크의 역할을 지식인 계층이 담당하며, 그리고 그 동작과 정지에 관한 결정, 자동차의 방향은 대중들이 담당한다고 할 수 있다.

이러한 비유가 물론, 계층들의 모습들이 완전히 그 부품의 역할에만 들어맞는다고 할 수는 없지만, 어느 정도 이해를 돕기 위한 비유라고 생각해 주시기를 바란다.

지식인 계급의 의무는, 대중들이 엘리트들의 말을 곧이곧대로 믿는 것이 아닌 비판적인 시각에서 의심하여 자신들의 사회를 잘 돌보게 하는 것이며 '권태'에 빠지지 않게, 관리자 계층에는 조언과 감시의 역할이자 그들의 '권태'에 빠지지 않게 하는 것이 바로 그것인데, 이들은 항상, 항상 모든 의견을 비판적으로 수용해야 하며, 이성적으로 판단해야 한다.

물론, 이러한 역할을 하는(해야 하는) 지식인 계층도 그들의 권태가 존재하며, 그러한 권태는 그리고 그들 스스로 옭아매어 스스로에게 비판적인 태도로서 사회의 계층으로서 개안에 임해야만 하는 의무가 존재하며, 그리고 이를 바로 '지식인의 의무'라 칭한다.

지식인 계층의 권태는 좀 더 세밀하게 두 가지로 나뉜다.

첫째로는 관리자(엘리트) 계층에 관한 것인데, 지식인들은 그들과 협력하여 자신들의 이익을 도모하며 대중들을 기만할 수도 있고, 그릇된 신념으로 사회의 분열을 초래하거나 반목하는 행위로 유발하는 것이 그들의 권태라고 할 수 있다.

마찬가지로 둘째로는 대중들에 관한 권태 또한 존재하는데, 자신의 사리사욕을 위해서 대중들을 기만하며 자신만의 세를 불려 혼란을 일으키는 것과 같이 의무를 행하려 하지 않는 것이 바로 그들의 권태이다.

특히나 우리는 지식인의 권태에 대해서 더욱 경계해야 하는데, 다른 계층의 권태를 더욱 가속하는 행태를 보이기 때문이다.

이러한 지식인 계층에 해당하는 이가 스스로의 의무를 통하여 자신을 옭아매며 다른 계층들의 권태를 막아 내는 것, 그들이 스스로 깨닫게 하는 것을 바로 '개안'이라고 칭한다.

'개안'을 행해야 하는 지식인 계층은 사회 정의의 실현을 위한 의무가 있는데, 여기에서의 '정의'는 모든 계층이 정상적으로, 중우정치나 과두정에 빠지지 않는, 스스로에 비판적인, 질서를 갖춘 계층 구성원들의 사회를 일컫는다.

권태를 통한 이익을 추구하는 것이 아닌, 의무를 통한 개안이 '정의로운'의 개념에 속할 것이다(정의를 추구하는 모습으로 정의로운 위선을 행한 경우를 제외한다면).

그렇다면 방금 전의 예시에 대한 이야기를 다시 한번 생각해 보자.

방금 나치와 히틀러 이야기 기억나는가?

만일 뮌헨 폭동 당시, 대중들이 그에게 동조하지 않았었더라면, 당시의 지식인들이었던, 사회민주당원들이 서로의 분열이 아닌 인종주의적인 이데올로기를 제대로 비판했다면, 당시의 바이마르 공화국의 엘리트들이 이권만을 차지하기 위해 대중들을 고통스럽게 하지 않았더라면.

마지막으로는 히틀러 자신이 제 생각을 비판적으로 수용했더라면(물론 그러한 노력에도, 사회적인 의무를 다했다고 하여도, 정치적인 문제의 수용을 방지할 순 있어도 외교적인 문제들이나 경제난의 상황을 막지는 못했을 것이다).

최소한 그 자신이 문제 해결을 위한 방법론으로 전쟁이란 수단을 택했던 결론에는 일찍이 이르지 않았을 것이다.

현재의 우리는 그 모든 일들이 잘못되었음을 깨달았다.

하지만 그것을 막을 기회는 수없이 많았다.

우린 배를 굶어 봐야 굶주리었는지를 아는 바보는 아니다.

바로 그러한 이유로, 우리는 우리가 왜 베이컨의 경험주의를 정치적으로, 사회적으로 멀리하고 데카르트의 합리주의를, 방법적 회의를 따라야 하는지가 설명된다.

변증적인 태도로 정치적인 결정을 내릴 때, 이미 존재하는 동일한 상황과 동일한 문제의 경우는 경험에 의존한 판단을 내리는 것이 나쁘지는 않지만, 무수히 새롭게 쏟아지는 사회의 문제들과 새로운 이데올로기, 기술의 진보를 통한 새로운 이익집단들과 그 규제를 위한 이론의 정립들과 같은 정보화 시대의 수많은 판단들을 귀납적인 방법으로 접근하여 쌓이기를 기다리기에는 그 빠르게 돌아가는 세상들의 변화를 따라잡기에도 바쁠

것이다.

그것들의 귀납적인 정보를 얻는다고 해도, 경험이 쌓이기까지의 부담들을 우리 작금의 사회가 견뎌 내기에는 그 고통이 너무나 클 것이다.

개인의 도덕과 관련된 도덕성과 인간 본연의 문제들과 다르게, 그 군집인 사회와 우리의 빠르게 변화하는 세상을 경험론만으로는 다루기 힘들 것이다.

경험은 확실한 스승이지만, 재수학원 스승이다.

경험이라는 것은 항시 우리가 겪어 보고 나서야 깨달을 수 있는 것인데, 하지만 우리에게는 결정할 기회가 단 한 번씩 주어진다.

또한 마찬가지로 이미 저질러진 문제에 대한 방법론의 두 번째의 기회는 우리에게 주어지지 않으며, 그것은 문제가 야기하는 해결책의 강구에서도 나타나지 않는다.

당신은 책상에 앉아 차를 한잔하며 깨달을 수 있는 문제를 비싼 과외비를 치르며 풀 것인가?

그것도 잘못되어 일이 그르치게 된다면 자연스레 택하게 되는 방법론인데, 그러한 문제를 푸려는 시도는 해 보는 게 합당하지 않나?

자연스럽게 택하여 갈 방법론만을 고집하는 것은, 그 결과를 중시해야 하는 문제를 다루는 방법으로는 적절치 않다고 할 수 있으며, 이를 다른 시각으로서 바라본다는 주장들은 그것으로 인한 결과를 수용하는 것이 본인만이 아닌 모두의 고통 분담으로 책임의 이행이 이루어질 것이라는 사실을 깨달아야 한다.

그리고 다시 말하지만, 우린 배를 굶어 봐야 굶주리었는지를 아는 바보는 아니다.

정치적으로나 사회적으로 우리가 왜 비판적으로 생각하고 수용해야 하는지, 넓게는 왜 각자 계층의 역할을 다하고 권태에 빠지지 말아야 하는지, 그 까닭이 풀렸으리라 믿는다.

내 글을 열심히 읽어 준 분이라면, 지금 이 문장도 비판적으로 수용할 것이다.

그러리라 믿는다(비판적인 정보 수용 태도에 관한 자세한 이야기는 우리 책의 3장에서 설명할 것이다).

이것이 바로 본질적으로 사유하여 본 사회의 탄생 이유이자, 각 계층들이 의무를 다 하는 본질의 정상적인 사회의 모습이며, 이러한 설명들이 정상적으로 구성된 사회가 바로 우리가 나아가야 할 본질이자 작금의 사회적인 문제들을 해결해 줄 우리의 이상의 모델이 될 것이다(방법론의 차이와는 관계없는 의미이다).

이렇게 우리가 기본적인 사회의 계층들과 책임, 권태와 책임의 이유에 대해서 알아봤다.

한데, 여기에서 한 가지 새로운 의문이 생기는데, 이러한 계층들은 과연 언제부터, 그리고 왜 형성되었는가?

그 질문에 답하려면, 일단 내 설명을 뒷받침하여 줄 죽은 위인 한 명을 더 들먹여야 하는데, 계층과 계급, 계급 투쟁, 이러한 주제를 다뤄 본 이들이라면 누군가 생각나지 않는가?

흔히들 사회적인 문제를 다룰 때면 빠지지 않고 등장하는 인물이며, 한 번 즈음 들어봤을 법한 인물이다.

바로 사회과학 분야의 문제를 다룰 때에 항상 유명한 그 위세를 떨치는 카를 마르크스다.

혹시나, 그의 정치적인 기조를 이유로 하여 그의 사회적인 분석에 관한 내용을 부정하려 하는 인간이라면, 사회학자로서의 그는, 심지어 그와 반대되는 정치적인 기조를 가진 이들도 사회 발전에 관한, 그의 이론을 거의 절대적인 명제로써 사용한다는 사실을 유념하기를 바란다.

일단 그 인물의 정치적, 경제적인 이데올로기의 부분들을 최대한 제외하고 객관적으로 알아보기로 하도록 하겠다(물론 이 글을 읽는 이들 또한 최대한 합리적인, 객관적인 태도로 학술적인 내용을 수용해야 할 것이다).

어찌 되었건, 사회의 발전단계를 설명하기에는 다른 무엇의, 누구의 이론보다 마르크스의 이론이 더 설명하기 적합하기 때문에 적용하여 설명하겠다.

마르크스는 사회의 발전 구조를 다섯 가지로, 특히나 그 사회의 구조를 설명하는 데 있어 근현대의 개념인 경제적인 주체로 나누어서 설명하였다.

그는 사회의 발전과 문화, 생활양식과 같은 전반적인 것을 이끄는 주체는 경제라는 것으로 생각했는데, 이를 '경제결정론'이라고 한다.

이를 두고 혹자는 그의 설명에 대한 가설이 경제적인 문제에만 관하여 치중한 인식 편향이라고 섣불리 판단하여 그리 생각할 수 있을 것이다.

하지만 이는 사회 변화를 다룬, 계층들 간의 투쟁의 원인과 그 원인인 물질적인 존재를 대변하는 것인, 경제적인 문제들을 해석하는 수단인 화폐로서 다뤘기 때문이다.

이는 과거에는 신분과 같은 다른 관념적인 요소들로 만들어지는 지배계급과 피지배계급 간의 관계에서 경제적인 이윤을 남길 수 있는 생산수단을 소유한 자와 그렇지 못한 자들과의 관계로 변하여 시작된 투쟁의 결과로서 사회의 구조가 계급들의 투쟁으로 변혁한다는 이론이 마르크스 본인의 경제결정론에 기초하여 설명되는 사회 발전 단계이다.

다섯 가지 발전의 단계는 바로 이렇게 나누어진다.

1 - 원시 공산주의 사회 -

2 - 고대 노예 사회 -

3 - 중세 봉건사회 -

4 - 자본주의 사회 -

5 - 공산주의 사회 -

'원시 공산주의 사회'에 있어서는 생산수단은 공동 소유의 형태를 취한다. 그러나 노예제 사회와 봉건제 사회, 자본주의 사회 등에서는 이 같은 공유원칙이 무너지고 생산수단은 사회의 한 계층에 의하여 배타적으로 소유되고 그 결과 생산수단을 소유한 계층과 생산수단을 소유하지 못하고 오히려 다른 계층의 소유물로 전락하는 계층이 갈라져 사회계급을 이루게 된다는 것이다.

'고대 노예제 사회'에서는 개인 또는 왕이 노예 소유자로 등장하고 노예계급은 가장 중요한 생산수단으로써 노예 소유자에게 소유되며, '봉건제 농노사회'에서는 봉건영주나 왕(王) 또는 교회가 토지 소유주가 되고 토지 소유에서 배제된 계급인 농노는 토지 소유주에게 소유되며, '자본주의 사회'에서는 개인 또는 회사가 자본이라는 가장 중요한 생산수단의 배타적 소유자로 등장하여 임금노동자의 노동력을 독점적으로 지배하게 된다.

자본주의 사회에서 공산주의 사회에 이르기 전 일종의 과도기 단계인 '사회주의 사회' 단계가 오는데, 이상사회로 가는 초기 단계로써 자본가적 사적소유의 존재가 생산력의 무한한 발전을 저해하기 때문에 물질적 생산이 부족하고 그 결과 생산수단의 사적 소유는 사라져 사회적 소유로 돌아가며 사람들은 "능력에 따라 노동하고 필요에 따라 소비하는" 이상사회를 이루게 된다. 이 과도기를 '사회주의 사회'라고 부르고 이후 분배원칙이 지배하는 완성된 단계를 '공산주의 사회' 또는 '성숙한 공산주의'라고 부른다. 마르크스는 공산주의를 '생산수단의 공유'로 정의하였는데, 이는 경제적인 자원들에 대한 통제력을 자본가의 수중에서 프롤레타리아 계급의 수중으로 옮겨 놓음으로써 실현될 수 있는 이상적인 제도라 보았다.

경제적인 설명과 마르크스가 가지고 있는(흔히 아는 레닌이나 구 러시아 사회혁명당과 같은 폭력의 수단은 물론이고) 정치적인 면을 완벽히 제외하고 핵심만 말하자면, 여기서 그는 생산수단을 가진 자와 가지지 못한 자로 나누어 설명했는데, 이는 '가진 자', '가지지 못한 자'로 나뉘는, 계층의 구성이 된다.

방금 말한 대중인민과 관리자-엘리트 간의 관계와 같은 계급의 탄생이었다.

"인류의 모든 역사는 계급투쟁의 역사이다."

이는 모든 사회를 구성하는 작고의 설명을 한 가지로 축약하여 설명하는 어록이라고 할 수 있다.

요즘의 우리 사회를 방금 우리가 깨달은 개념을 통해 바라본다면, 흔히 말한 권태로운 사회라고 평가할 수 있을 것이다(개념을 제대로 이해했다면, 정의를 위하는 여러분들이 권태의 개안을 추구하여 비판적이겠다마는).

제안한 개념에 반대하는 생각을 가진 이도 "작금의 우리 사회는 무언가 문제가 있다."라고 평할 것이다.

우린 현재의 사회가 부정적으로 받아들여짐을 정확히 알고 있다.

이 글을 읽는 독자라면 우리 사회의 최전선에서 잘못됨을 느껴 보았을 것일 테니 말이다.

그러한 문제점들을 이해하고 어떠한 태도를 함양하여 사회를 긍정적인 방향으로 변혁해야 하는가, 그것이 아니라면 어떤 사회가 좋은 사회인가, 그것조차 할 수 없다면 무엇이 잘못되었는가를 깨달아야만 한다.

그렇다면 정의롭지 못한 사회를 정의롭게 변혁해야 한다면, 과연 무엇이 정의인가?

모두에게 서로 다른 정의관을 우리는 또 다른 누군가의 정의라고 받아들이지는 못하며, 서로들을 깨우치지 못한 인간들이라며 스스로를 자조할 뿐이다.

하지만 그러한 각기 다른 정의관의 배경을 인지하면, 공통으로 갖추어야 하는, 필수적인 정의관의 공통된 개념이 존재한다.

이는 모두 천부적으로 다른 정의관을 가지고 있음을 인지하여 존중하기 위함으로, 질서를 일컫는 것이라고 할 수 있다.

정의란 곧 사회의 질서이다.

질서는 사회를 지키기 위함에 필수적인 수단이며 사회의 구성(構成) 이유는 결과적으로 자유경쟁에서 자신을 지키기 위한 수단이 필요하여 개개인의 천부적인 능력에 의하여 결정되지 않는, 각자 개개인을 지키기 위한 최소한의 수단이자 공동체로써, 불가침의 영역인 '천부인권'을 부여하여 권리적인 면에서의 '평등'을 지향하는 것이다.

우리가 열망하여 마지않는 정의는 곧 사회의 구성적 이유인 권리적인 인권의 존립이며 평등의 실현이자 이를 방법론으로 실행하게 하는 이론의 것이 바로 질서이자 원칙이다.

그리고 다시 원점으로 돌아와, '정의란 무엇인가?'라는 의문에 필자는 그 것이 질서라고 답했다.

여기에서 본인이 서술한 질서의 의미를 다시 한번 파악하고 넘어가야 할 차례이며, 여기에서의 사회를 유지하는 수단으로서의 '질서'가 바로 각 사회의 계층이 지키고자 부여받은 '의무'이다.

정의를 사유하고자 만들어진 단체인 사회에서 '실용'이라는 명목으로 자신들의 의무를 등한시하고 단기적인 이익만을 취하려는 방법들에 의하여 물질적인 풍요로움과는 별개로 사회적인 의미의 정의는 실현되지 않고 있기에 권태로 시작된 우리 사회의 문제들이 부조화로 마무리되는데, 이는 간단히 우리의 수단과 목적이 일치하지 않기에 시작된 것이다.

이는 물론 기술과 시대적인 변화에서 비롯된 정보화 사회의 대표적인 모습이지만 그들의 사회가 숭상하는 맹목적인 경제적 자유주의는 유지하기에는 쉬워도 무언가를 변혁할 수는 없는, 교조주의적인 면이 강한 지배적인 면모가 존재한다.

이에 대해서는 후에 설명할 '이념들 간의 차이에서 나타나는 사회의 모습'에서 설명하겠다.

그리고 이러한 주제에서 확실한 것은 항상 수단과 목적이 일치한다고 해서 나타나는 사회의 현상들이 긍정적인 것만은 아님을 의미한다고 할 수 있는데, 그 이유로는 그것을 강요하는 주체가 다시 이익을 볼 수도 있거나, 다른 연유로 본질이 변질될 수 있기 때문이다.

이는 물론 이념들에 따라서 본질이 무엇에게 전도되어 다르게 변질되었는가의 문제이다.

쉽게 말해서, 대중들의 정의를 향한 열망으로 이루어진 선택은 항상 그 사회를 주도하는 이들, 다른 권익을 좇는 이들에 의하여 필사적인 권력 장악의 투쟁과 정의로운 대중의 의무 사이에서 갈등한다.

그것을 어떤 방법으로 이루어 내려 시도하던, 그 방법과 관계없이 대중들을 향해서 기만책을 쓰고 스스로의 권익만을 좇아가는 이들, 엘리트 계층의 권태는 거의 필수불가피하다.

우리가 아는 절대적인 평등을 추구하던 국가들에서부터, 하나의 인간에게 모든 권력을 위임한 형태에서도, 자유 경쟁과 국가의 이익을 이익 집단에게 위임하든가, 그 어떠한 형태로 권력을 등분하고, 다른 방법론으로 접근하여 정의의 실현을 기대하던 이들의 말로는 대부분 그 사회를 이끌어 가는 주도적인 계층에 퍼져 가는 권태에 의하여 그들의 방식과 교묘한 수단과, 명분만이 달라지는 것이다.

즉, 사회가 어떤 이념을 테제로 하여 사회정의와 천부인권의 보장을 실현하려 하려는가-와는 관계없이 피하지 못할 권태에 의한 사회의 정체이다.

그것이 공산주의든, 자본주의든, 파시즘이든, 어떠한 이름으로, 어떠한 방법과 수단을 매개체로 하여 결국 종국에는 권태가 도사리게 된다.

하지만 이러한 이론들의 존재는, 사회의 유지를 위해서 필수불가피하다고 할 수 있는데, 그 사회의 질서를 세우려는 다수의 방식과 그 수단을 정립한 이론들이 바로 사상이라고 할 수 있기 때문이다.

대중들이 그러한 사상들에 경도되어 방법론을 바꾼다는 것은, 굉장히 큰 변혁이라고 할 수 있기에 이데올로기에 따른 대중들의 불일치한 이론들이 난무하게 된다.

그들을 통하여 이익을 도모하는 집단들의 경쟁이라고 할 수 있으며, 그러한 사상의 테제가 사회에 정립되고 난 다음에도 그것은 다른 방식으로 우리를 기만하게 되는 권태가 필수적으로 이루어진다.

권태들은 따라서, 어떤 사회구조에서든 간 일어날 수밖에 없는 문제라고 할 수 있겠다.

이를 방지하여 막기 위해서는 오직 유일하게 그 사회의 진정한 주인이라 할 수 있는 대중들의 개안이 가장 중요할 것인데, 이러한 문제를 다루는 주제로 하여 이념들 간의 비합리성을 가려내거나 우열을 가릴 수는 없다. 그것은 사회를 유지하는 데 필요한 개념이자 도구이지, 이념의 실현이 목적은 아니기 때문이다.

이론 자체의 한계를 지적하는 것이 아닌 어떤 형태의 이념과 그 이념 실현의 장인 현실 사회에서, 권태로운 측면이 드러나지 않은 경우는 그 전례가 없었다.

따라서 이러한 주제에서의 논증적인 상황이 발생하였을 때, (그럴 가치와 변증적인 태도를 유지할 수도 없겠다마는) 권태롭지 않은 이념을 들먹이며 이념들 간의 차이를 설명하지 못할 것이다.

애초에 권태에서 자유로운 이념은 (지금까지 단순히 우리의 관념으로만 남은 이론들이 아닌) 존재하지 않으니까 말이다.

만일 그러한 이론이 존재한다고 하여도, 관계에서 이루어지는 권태는 필연적인 사실이기에, 사회적인 관계나 구조 없이 이루어지는 사회의 모습은 원시적인 형태의 것으로, 기술의 발달로 인한 사람들 간의 사회적인 연결망에서 벗어나 실현될 수 없는 이론들이며, 언제나 완벽한 이론은 항상 존재하지만 그것을 수행하는 주체는 불완전한 사람이다.

이는 더욱이 시간이 지날수록 명확해질 것이며, 작금의 우리들 사회에서는 지금도 빠르게 변해 가는 사회의 구성원들과 새로이 생겨나는 개념들,

시공간을 초월한 관계망들의 지속적인 생산으로 인한 다른 구성원들과 완전히 독립된 사회의 형태를 표방하는 이념들의 존재들은 이미 우리 기술의 발달로 인한 한계를 명확히 가지고 있음을 이 글의 독자들은 잘 알고 있을 것이다.

2.

역할들의 권태는 곧 대중인민의 권태, 모든 국가와 사회는 곧 대중인민의 것

우리가 살아가는 사회에서는 어떤 성격을 가진 사회라도 계층이 존재하는데, 이는 단순히 물질적인 풍요로움으로 서민이니 중산층이니 하는 비교의 군이 아니라 사회적인 역할과 위치에 따라서 분류되는 것을 말한다. 그것의 구분으로는 전에 설명한 세 가지의 계층인데, 이는 필자의 마르크스와 막스 베버의 그것이라 칭할 수 있다.

그렇기에 이는 사회에서 인간들이 담당하는 역할들과 그 주구들의 차이를 설명하는 개념으로, 계급이나 다른 신분의 차이를 나타내는 것도 아니며, 또한 그것을 규정하는 것은 그 사회에 속하여 있는 다른 인물들의 평가이리라.

그리고 이것은 현실에 영향을 주는 물질적인 개념이 아닌, 말 그대로 '관념적인' 개념이기에 그것에 해당하는 이가 어떠한 역할을 담당하는지 구분하는 것이 중요하지, 이 개념 그 자체는 어떠한 의미도 가지지 않는다.

국가 간의, 어떠한 형태의 다른 구성의 사회라도, 기본적으로 사회가 구성되어 이루어진 이유는 개개인 간의 비교우위이자 열세인 방면들에 대한 우열의 가림으로 만인에 대한 만인의 투쟁에서 '천부인권'이라는 인간의 기본적인 권리의 보호를 위하여 시작된 것이다.

또한, 그 어떤 사상이나 신념에 의해서든, 예를 들자면 독재정의 군주제나 공화정의 민주제나 절대다수인 대중인민 계층의 최소한의 인권과 권익을 보호하기 위한 체제임을 부정할 수는 없다.

다만 그 둘의 차이점은 그것이 어떤 특수한 신념이나 강력한 능력과 그 능력으로부터 시작된 특권을 가지고 있는 개인에 의해서 이루어지는가, 그것이 아니면 다수의 대중인민들이 직접적으로 본인들 스스로의 권익을 주장하는가의 차이일 뿐인 방법론적인 이야기일 뿐이다.

하지만 현대에 들어서 군주주의나 그와 비슷한 신정국가의 존재가 극히 소수의 형태로 존재하거나 변형되어서 국가의 상징이나 민족, 신념의 결합을 상징하는 상징적인 존재로만 남아 있을 뿐인데, 이러한 봉건 군주정과 귀족주의의 몰락은 다름 아닌 그들 스스로의 권태에 달려 있었다.

그들 스스로가 다수의 대중인민들을 보호하는 역할을 자처하며 그들 위에 군림하는 형태로 다수의 대중인민의 평등을 지켜야만 했지만, 그들은 시간이 지나며 특권의식에 사로잡혀 소수의 인간들이 다수의 인간들을 억압하며 군림하는 불평등이 이루어진 것이다.

다수의 대중인민이 모든 것을 결정하는 것이 기본이자 그러한 사회와의 계약철회 또한 자유로이 할 수 있는 것이 대중인민이기에 그들은 더 이상 본인들의 권익을 침해받는 것을 거부한 것이며, 그렇기에 군주정의 몰락은 그러한 시간들이 길어지면서, 본인들의 군림을 정당화하는 이론들로 다수의 인민들이 동의한 사회의 기본적인 구성조약을 거부한 것으로 이루어졌다.

군림하는 우위의 소수들이 평범한 다수의 사회에서 반란을 일으킨 것이며, 그것을 다르게 표현하자면, 권태로 이루어진 소수들만의 사회와 본래의 다수의 사회가 대립한 것이다.

하지만, 루소의 사회계약론에 이르면, 사회를 변혁하거나 사회와의 계약에서 '갑'의 위치에 존재할 수 있는 계층은 오직 절대다수의 대중인민이었다. 소수의 사회를 선도하는 엘리트 계층은 사회 그 자체를 변혁할 수 없었고, 그리할 수 있는 명분 또한 존재하지 않는다.

어떤 형태로든 간의 독재주의가 몰락하고서는 경제와 상공업이 발전하고서 근세에 들어서는 경제결정론에 의거하여 물질적인 요소로 변화하기 시작하였는데, 이는 과거의 신분적인 요소와 능력적인 요소에서 현대의 대중인민들 간의 물질적인 요소와 능력적인 요소로 바뀌어 간 것이다.

이와 반대로 대중인민들 간의 물질적인 요소의 차이로 나타난 계층인 부르주아지들, 자본가 계급에는 현재의 대다수의 엘리트 계층이 속하게 되었고, 곧 이들은 처음에는 각자의 자유를 보장하며 경쟁에 뛰어들고서는 신분제로 대표되어 눈에 보이는 드러나는 특권을 차지하기보다는 '보이지 않는 손'을 통한 사회통제에 들어갔다.

대놓고 자신들이 권력을 차지하기보다는 사회의 방향을 이끌어 가는 방식의 간섭적인 방식으로 사회를 유지하는 것이다.

과거의 귀족정의 그들처럼 지배하지는 않되, 조종하기로 한 것이다. 이를 뒷받침하는 수단으로는 '노동의 가치'나 '자유 경쟁'과 같이 모두에게 좋은 조건이지만 교묘하게, 본인들에게 더욱 유리한, 그 누구보다도 그들에게 제일 좋은 조건들만 내세운다.

또한 그들은 대중인민들이 하나의 사회로 구성되어 대표되는 힘이 어떻게 귀족정을 무너뜨렸는지 잘 알기 때문에, 대중이 하나가 되지 않도록

한다.

게다가, 이러한 사실을 지적하는 이들과 그들을 이용하려는 이들의 차이로 오히려 그들 스스로의 가장 유력한 대변인이 되기를 자처하는 대중들의 세력 또한 생길 정도이다.

그 정도로 작금의 사회적인 측면에서의 엘리트 계층은 그 무엇보다 썩어있지만 그 무엇보다도 책임에서, 의무에서 자유롭다.

또한, 새로이 등장하는 신기술과 과학적인 진보는 언제나 그들의 또 다른 후원자로서의 역할을 충분히 해내 준다.

결국 우리들은 우리 스스로가 무엇을 지지하는지, 우리가 믿는 것이 무엇인지조차 제대로 인지하지 못한 채로 서로를 정의 실현의 방해물인 '악'으로 규정하게 되어 가고 그러다 보면, 서로가 서로를 진보나 사회 정의의 실현에 방해되는 존재로 만들어 싸우게 된다.

그리고 이러한 탐구에서 새로운 의문이 들기 마련인데, 그렇다면 우리는 무엇을 위해 투쟁하는가?

그들은 그들 스스로를 사회정의의 실현을 위한 깨우친 인간들이라고 규정하기 때문이라고 말하기 때문인데, 하지만 그들은 왜 같은 목표를 가지고 있는데, 왜 서로를 적이라고 규정하는가, 과연 그들이 대중과는 다른 목표를 가지고 있는 이들이자, 그들만의 이익을 위한 권태를 정의로 만들어 주장하기 때문인가?

그 의문에 대한 답변은 방법론의 차이로 같은 목표를 가진 대중들을 분열시키는 이들이 존재하고, 그것으로 반사이익을 얻는 이들이 존재하기 때문이다.

스스로를 깨우친 것이라고 자부하는 것은 오만한 일이다마는, 그것은 인간 본연의 오만이다.

작금의 혐오는 과연 본연의 것이라고만 할 수 있을까.

혐오를 위한 혐오를, 너무나 쉽게 우리는 만들어진 혐오에 편승하며 분열한다.

최종적으로, 같은 목적을 가지고 행동하던 이들이, 다른 방식으로 다가가는 것을 핑계 삼아 서로를 이해하지 못하게 하고, 비논리적인 감정만으로 분열을 야기하며, 대화나 합리적인 논리 없이 나중에는 서로를 완전히 양립조차 할 수 없는 인간으로 규정하며 싸우게 되어 가니, 우리는 스스로를, 우리의 정의관을 비판적으로 받아들여야만 한다.

우리들의 갈등과 우리들의 추종으로, 우리의 신념을 대표한다는 자들이 이익을 얻는다.

오만과 편견, 혐오는 너무나 친숙한 우리의 친구들이다.

다만 그 친구들을 더욱 조장해서, 반사이익을 얻는 자들의 모략에 우리 스스로 합리적인 이성의 개화로 그것을 대해야만 한다.

우리가 스스로를 비판적으로 수용하고 나서야 우리의 것을 대표한다는 자들의 베일이었던 우리의 신념을 벗겨 내고, 그들의 추악한 본 모습을 인지할 수 있을 것이다.

대영제국은, 전 세계의 1/4을 나눠서 지배하였다(divide and rules).

그들의 몰락은 민족주의자들, 사회주의자들, 자유주의자들, 그들 정통의 왕정주의자들 할 것 없이, 독립을 쟁취하겠다는 신념과 식민정부의 모략에도 분열되지 않으며 대중들의 일치로 인하여 이루어졌다.

이다음에 우리에게 닥쳐올 파도가 무엇인지 알 순 없어도, 한 가지는 확실하다고 할 수 있는데, 우리의 정의를 위한 배가 침몰하지 않으려면, 현재의 거센 풍랑과 파도를 건뎌 내고, 물을 퍼내고, 돛을 띄우며, 노를 저어 나가야 한다는 것을 말이다.

항해의 목적지는 각자 다를 수도 있지만, 모든 이들을 위한다는 목적의식은 같다.

서로가 스스로에게 비판적이고, 합리적이라면, 우리는 목적의식을 통하여 목적지를 서로에게 맞춰 가며 일치하게 할 수 있을 것이다.

만일 그리한다면, 우리가 만들어 갈 세계는 최소한 소수가 아닌 다수의 민중에 의한 사회일 것이며, 합리적인 비판과 수용이 이뤄져 만들어질 것이며, 이러한 일치된 정의를 세우기 위한 방법론은 항상 현실적으로 받아들여야 한다.

다만 우리들의 목적은 이상이기에, 불가능한 이상에 몸을 던지다 보면, 그러면, 이상에 가까운 곳에 우리들은 안착하여 우리의 세대는, 우리들은 당당히 해내었다고 말할 수 있을 것이다.

항상 사회를 변혁하고 주도하는 사람들은 절대다수의 대중인민이고 그와 반대로는, 각자의 계층의 권태들은 모두 대중들의 권태로부터 비롯되어 시작된다는 것이다.

그리하여 우리의 권태에 대한 책임 또한, 사회 주도의 결정 권한을 지닌 만큼, 책임이 막중한 것이다.

그렇다면 권태는 본질적으로 왜 생겨나는가?

아이러니하게도 그것은 우리가 그토록 바라던 정의관의 확립으로 인한 사회에서의 것으로 시작한다.

부도덕한 행동을 행하여 얻는 이익들에 의거하여 스스로가 가진 영향을 과소평가하고, 그것을 이용하여 부당한 이익을 보려는 이들을 만들어 내기 때문이다.

그러한 이들을 만들어 내는 정의로운 사회가 부도덕한 이들의 병폐가 심해져 정체되면, 그때 사회는 정체되고 권태에 빠지게 되는 것이며, 그와 반대로 말하자면, 부도덕한 정체된 사회는 반대로 개안을 추구하며 정의로운 일치된 질서 확립을 원하는 이들을 만들어 낸다.

다시 본론으로 돌아와, 계층들의 권태의 원인을 설명하는 데 있어 그 결론만 말하자면 대중의 권태로 시작된 악순환이 다른 계층의 권태로 지속된다는 것을 의미한다.

그렇다면 대중인민들의, 다수 계층의 권태는 무엇으로 이루어지는가?

그들의 권태는 곧 그들의 분열로부터 이루어지며, 그러한 분열을 야기하는 것은 엘리트 계층의 권태로 이루어진다.

엘리트 계층의 권태들은 우리를 기만하며 교묘해지고, 대중들을 바로잡을 지식인들 또한 대중들의 권태와, 그 이후의 엘리트들의 권태가 원인이 되어 그들 또한 마찬가지로 권태로워져 대중들을 배반하여 선동하는, 또다시 대중들의 분열을 야기하는 데 일조하며, 그러한 권태들의 이유로서는 대중들 스스로가 본인들의 개안을 부정적으로 받아들이고 이기적인 본성으로 스스로의 개인적인 이득만을 좇기 때문이다.

그들 본연의 권태를 몰아내어 사회의 목표를 바로 세우는 것을 질서로서 행해야 하는 것이 자명한데, 필자 본인은 그것을 '정의'의 사회적인 개념이라 칭한다.

항상 합리적으로 생각하라, 규범을 지키고 본인의 곤조와 신념으로 다른 이를 평하지 않는 것, 그것이 바로 질서의 시작이다.

이성의 개화는 곧 진리의 깨달음이다.

이러한 질서로 정의를 행하면 우리는 우리의 사회를 되찾을 수 있으며, 본질적인 의미의 천부인권과 사회가 존립해야 하는 이유를 우리 스스로 다시금 깨달을 수 있을 것이다.

우리의 세상이 너무나 빠르게 변해 간다.

우리가 따라잡지 못할 정도로 말이다.

너무나 빠르게 변해 가는 세상은 우릴 기다려 주질 않는다.

다만 작금의 세상이 우리에게 보여 주는 모습은 대중의 일치를 원치 않는 자의 세상이 보여 주는 허상이며, 그들의 비호로부터 기술을 만들어 내는 권태로운 지식인들의 손에서 탄생하는 신기술이 보여 준다.

기술의 발전이라는 그들의 피할 수 없는 발전은 인류의 발걸음을 앞당기지만, 우리 개개인의 발걸음은 거시적으로 후퇴한다고 할 수 있다.

물론 기술의 발전이나 엘리트의 지도를 완전히 부정할 수는 없으며, 그러한 시간의 흐름으로 발생하는 지식의 축적의 차이나 새로운 기술의 발전은 퇴보가 아닌 진보이다.

다만 그렇게 다가온 진보를 통한 신세계가 우리의 세계는 확실히 아닐 것이다.

사회에는 그것을 구성하는 세 가지의 계층이 존재한다고 설명하였는데, 대부분의 사람들은 계층이 존재하는 것을 알지만, 과연 기준이 무엇인가를 알지 못한다.

하지만 이러한 구분은 일시적인 구분일 뿐이다.

그저 사회라는 공동체에서 어떠한 영향을 끼치며, 어떠한 역할을 맡았는지에 대하여 구분을 도와주는 방법론이며, 그들은 모두 기본적으로 공동체에 소속된 대중인민이자 공동체에 어떠한 영향을 끼치는지가 그것이다.

개인의 성공이든, 능력과 재능이든, 좋은 집안에서의 출생이든, 결과론적으로 본인의 욕망실현을 위하여 공동체를 등진 사회를 구성하는 사람들의 권태가, 사회에 영향을 끼치는 부류에 따른 서로의 구분을 통하여 명시적으로 나타난 것이 바로 계층이라고 할 수 있다.

다시 말해, 우리 모두는 사회의 주인이자 공동체이다.

그것에 영향을 주는 방식이나, 이용하는 방법에 따라 일시적으로 사회적인 구별을 위해 존재하는 개념인 방법론이 바로 계층이라고 할 수 있다.

그렇기에 이를 빌미로 삼아 다시 한번 계층으로 계급을 나누려는 오류를 독자들은 범하지 말기를 희망한다.

1장에서 예고한 이념들 간의 차이에서 나타나는 사회의 모습에 관해 설명할 차례이다.

왜 이 부분을 따로 설명하는가에 대한 의문의 답은, 우리 사회와 다른 이념들을 가진 국가들은 전체주의적인 모습으로, 우리가 변혁해야 할 작금의 사회와는 거리가 있는 상황이기에, 우리 문제에 집중하기 위함이자 또한 우리가 변혁해 가야 하는 사회의 이상향을 기초하는 데 반면교사의 교시가 될 수 있기에 후술하겠다.

우리들은 흔히 독재 성향의 전체주의 국가들을 (어떤 이념을 표방하는지와 무관하게) 어떠한 개인의 잘못된 지도로 이끌어 난국을 맞이해 상서로운 상황에 이르게 되었다고 생각한다만, 그것을 조성하여 권력을 부여한 주체는 부정할 수 없는 대중인민이다.

이념의 이름부터, 전체를 조성하는 대중이 따르지 않으면 유지될 수 없는 권력이기 때문이다.

그렇다.

그들이 따랐으며 그들이 책임지는 것이기에, 개인의 권력을 향한 부도덕한 욕망을 감안하더라도, 그의 사탕 발린 소리에 넘어가 책임을 지는 것은 다름 아닌 국가의 대중인민들이기 때문이다.

그 사실은 우리로 하여금 꽤나 동정적인 감정이 들게 된다지만, 개인적인 손실이나 변화에 대한 막연한 두려움으로, 행동하지 않은 자들의 책임이기 때문이며, 독재정이나 참주정, 과두정을 유지하는 것은 뒷받침되는 자들의 존재 없이는 이루어지지 않는다.

슬프게도 뒷받침되는 이들의 존재를 우리가 부정할 수는 없는데, 이러한 그들이 존재함을 우리는 이미 알고 있기 때문이다.

만일 그것에 반기를 들거나, 우리들 스스로가 그의 사탕 발린 소리에 속아 넘어가지 않았더라면, 정당화되어 가는 비합리적인 규정에 따르지 않았다거나 수혜를 스스로 내려놓고 행동해야 하는 대중인민의 의무를 지키고 권태를 거부하여 개안하여 그의 독자적인 이익을 향한 행동을 제한했다면, 그것은 지지 없이는 결코 이루어질 수 없는 체제이기 때문이다.

예외적으로 (사실은 예외적인 경우가 아니고 드문 경우이겠다만) 구소련의 경우처럼, 스탈린 사후 어느 정도의 민주화를 되찾은 것은, 상황과 니키타 흐루쇼프 개인의 결정으로 이루어진 일이기에, 여러 가지의 상황과 정국이 겹쳐 나타난 운이 좋은 케이스라고 할 수 있다.

특히나 흐루쇼프의 급진적인 스탈린 격하 운동에도 그를 지지한 합리적인 대중인민들의 존재가, 이성적인 고찰로 힘이 되어 준 대중인민들의 관념과 지지가 있었기에 가능하였다.

급진적인 그의 정책, 스탈린 격하 운동에도 (스탈린의 공로와 비판의 사실관계를 떠나) 빠르게 상황을 읽어 내어 행동하고 지지한 대중인민들의 지지가 있었기에 어느 정도의 달콤한 민주화의 과실을 맛볼 수 있었다.

대다수의 존재하는 독재국가들은 권력의 세습과 무자비한 탄압으로 마지 못한 그 부정직한 열망을 드러내기 때문이다.

그러니 우리는 절대로 영웅이나 개인 한 사람에게 의존할 수 없을 것이 며, 만일 라브렌티 베리야와 같은 면모를 가진 이가 정권을 이어 잡았다 면, 그의 주인과도 같이 행동하였을 것이 명백하기 때문이다.

그뿐만이 아니라, 흐루쇼프가 정권을 잡았다고 하더라도 대중들의 잘못 된 판단으로 그를 지지하지 않았거나, 만일 대중들이 중우론에 빠져 행동 하지 않았더라면, 상황은 어떻게 급변할지 아무도 알 수 없다.

베리야의 정권이 자리 잡아 정권을 유지하고, 독재와 협박으로 부도덕한 체제를 지속해 나갔을 것이다.

한 개인이 집단의 강제적인 행동에 대한 정당성을 부여하며, 허울 좋은 명분을 내세우고, 당위성을 세워 그리할 수밖에 없었다는 핑계를 대며 말 이다.

이러한 사태를 막은 것은 당시의 사회를 구성하던 이들의 합리적인 의결 로 나타난 그 결과이다.

이것은 지금의 우리에게도 필수적인 태도의 존재 가치를 반증하는 사례 일 것이다.

과연 우리는 그리할 수 있을 것인가, 나는 믿어 의심치 않는다.

이러한 사실들은 우리 사회에서 한 개인이 아닌 여러 집단들과 엘리트 계 층의 권태로 인하여 이루어지고 있는, 진행되어 가는 또 다른 형태와 다 른 명분으로 우리가 눈치채지 못하는 사회의 또 다른 이면이다.

개인이 집단으로, 강제적인 탄압이 교묘한 명분으로, 사회에서 우대받고

천대받는 주체가, 방법들과 수단들이, 합리적인 판단을 비현실주의적인 주장으로, 대중인민을 분열시켜 본인들의 부도덕한, 불순한 이익을 추구하는 것도, 모든 방법이 달라졌지만, 상황과 부도덕한 사회임은 동일하다.

그렇다.

상황과 주체들의 방법, 그 이름들만이 다름이다.

우리의 사회는 다른 주체와 방법으로 동일하게 저런 상황으로 치닫고 있다.

이것이 바로 우리가 손해와 두려움을 극복하고 행동해야만 하는 까닭이자, 객관적인 사실판단과 이데올로기와 신념과 같은 주제를 수용할 때 비판적인 태도로 수용하는 것이 중요한 이유이다.

그리고 그러한 수용 방식의 이유가 불러일으킬 결과가 바로 정체된 사회라는 결과를 피할 방법이다.

그리하여 이것이 바로 대중들끼리의 혐오와 극단주의를 기피해야 하는 최종적인 우리의 결론이자 이유이다.

방금 전의 사례보다도 더욱이 교묘한 우리의 상황들 속에서, 우리는 더 가능성이 낮은 영웅 하나를 기대하며, 훨씬 더 돌연변이와 같은 지식인의 존재로, 혼란스런 상황들 속에 따른 가능성 낮은 우연한 일치로 암울한 정국을 헤쳐 나갈 기회가 생겨, 우연찮게 그 기회를 잡아, 정의로운 이상과 합리적인 이성으로 욕망을 절제하며 우리에게 선물할 가능성은 희박하기 때문이다.

사실, 학술적인 표현을 사용하지 않는다면, 필자는 그것을 당당히 불가능하다고 말할 수 있을 것이다.

현실에선, 그 누구도 우리를 자애롭게 도와줄 이는 드물다.

그러는 인간들이 존재하지 않는다는 주장은 지식인 계층의 존재로 반박

된다.

하지만 그들의 권태와는 별개로, 그들이 득세할 수 없는 이유는 우리의 권태의 영향으로서 우리가 아직 받아들이지 못하였기 때문이다.

그 누구도 혼자서는 이 사회를 변혁하지 못한다.

오직 대중들만이 확실하게 사회 변혁을 주도할 힘을 가지고 있는, 이 사회의 주인이기 때문이자, 계약의 수혜자이기 때문이다.

나는 그래서 중우정에 빠진 이 나라의 부도덕한 대중들을, 본인들이 진정으로 정의롭다고 믿는 바보들을 사랑한다.

그들만이 바꿀 수 있으며, 그들만이 진정으로 정당하게 정의를 실현시킬 결정권을 가진 이들이기 때문이다.

득세하는 세력은 항상 변해 갔다.

다만 그러한 변화가 정의로운 것이 아님을 우리는 알고 있다.

방금 소련의 경우처럼, 심지어는 절대적인 평등을 추구하는 이념 아래에서도, 변화와 이익도모는 아무런 상관이 없다.

초기의 진정으로 사회 변혁을 이뤄 내려 정의롭던 볼셰비키들에서, 적색 테러의 주동자가 되어 가며, 절대적인 평등의 국가에서 태어난 전체주의의 결과로 정국을 장악한 스탈린 한 사람 개인에서, 교묘하게 사회를 이끄는 자들의 수단과 이권과 독점적인 우위로 만들어진 노멘클라투라, 그리고 자본주의 신흥재벌 올리가르히로 변화를 맞이하여 종국에는 군과 정보기관들의 엘리트 출신인 실로비키들이 결국 정국을 주도해도, 그것들이 우리들이 사유하고, 알아보기에는 방법론만 다른 그것임을 우리는 안다.

그리고 그러한 구 소비에트 연방 - 현대 러시아의 모습이 방법과 모습만 다른 우리의 사회라는 사실을 부정한다.

이러한 사실을 깨닫기 위해서는 스스로에게 비정해야만 한다.

우리들의 의견과 주장, 믿고 있는 사실과 심지어는 추구하는 이상까지도 말이다.

모든 사람은 소속감으로 대표되는 사회적 정체성을 가지며, 그것을 유지하기 위해 노력하는 행동은 사회적 공동체의 영향을 가지기 때문이다.

그러한 소속감은 우리에게 대중의 일치를 쉽게 가져오지만, 반대로 대중들의 진영논리나 그들을 대표하는 이들의 수단으로 사용되고, 사회를 지도하는 이들의 의중대로 그 모습을 보여 주고 있다.

사회 정체성 이론, 이 이론은 집단 간 행동을 설명하기 위해 도입되었으며 행동 예측의 지표로도 사용된다.

이론의 주장은 대인관계로 인해 누군가 강요하지 않았음에도 스스로 행동에 제한을 두거나 타인이나 공동체가 원하는 방향으로 행동이 변화한다는 것이다.

그리고 변화한 모습을 가진 사람들과 소속감을 느끼고 유대를 맺게 된다.

이는 전 사회적인 모습에서는 대중의 일치와 애국주의, 민족주의와 같은 사상으로 나타나게 되며 그 장단점을 내보이고 있다.

하지만 오히려 그것이 개인과 그 사회를 구성하는 이들끼리 벌어지는 독립적인 내부의 사회에서 발현되면, 그것은 오히려 사회 내부의 결속을 해치며, 진영논리, 또 다른 권태와 근본적인 문제 해결에 어려움을 가져다주는 영향을 불러일으킨다.

그중 가장 큰 문제점이라 함은, 문제의 근본적인 해결을 위하는 것이 아닌, 같은 진영과 집단의 행동이나 문제들을 비판적으로 사고할 수 있는 능력의 상실이다.

사회 내부의 이론들과 그 정치적인 주구를 비판적으로 사유해야 하는 건 사회의 주인으로서 대중들이 가진 의무인데, 그러질 못하게 방해하는 것이다.

이는 대중의 일치는 중요하고, 필연적이지만 그 과정에서 우리가 경계해야 할 합리성의 상실을 방지해야 하다는 의미이다.

이 과정에서 집단 편애, 친사회적 행동, 갈등을 조장할 수 있는 내기 등은 꺼리는 모습을 볼 수 있다.

"그룹에 대한 충성, 그것을 위한 희생, 외부인에 대한 증오와 경멸, 내면의 형제애, 없는 호전성, 모든 것이 같은 상황의 공통적인 산물로서 함께 성장한다."

다른 집단의 사람들은 우리 집단의 조상이 전쟁을 일으킨 외부인이다.

각 집단은 자신의 자부심과 허영심을 키우고, 우월감을 자랑하며, 자신의 신성을 높이며, 외부인을 경멸하는 눈초리로 바라본다.

그것이 어떠한 성격을 가진 집단이던, 각 집단은 자기 집단이 자기 집단이 옳다고 생각하고, 다른 집단이 다른 집단을 가지고 있다는 것을 관찰하면, 그들은 그 집단을 경멸한다.[2]

이 같은 이론은 사회를 구성하는 이들끼리 진정한 일치를 이루지 못하게 하며, 서로를 외부인으로 규정하며, 사회 내부의 사회만을 위하는, 결과적으로 합리성의 함양과 사회의 주인인 대중들의 분열을 야기하여 권태에

---

2) Sumner, W. G. Folkways: A Study of the Sociological Importance of Usages, Manners, Customs, Mores, and Morals. New York: Ginn, 1906. pp. 13.

찌들게 한다.

이 같은 태도를 지양하는 것은 우리에게는 꽤나 어려운 일이면서도 합리적이게 행동하기 위해서는 필수적인 지향이자 갖춰 나가야 할 태도이다.

사회를 변혁하는 것 말고도, 애초에 변혁할 사회를 만들지 않을 상황의 조성에서도 필요한 우리의 습관이자 필수불가결한 태도이다.

여기서 지칭하는 사회의 권태는 그 스스로가 방법론에 있어 존재하는 것이 아니라 다름이 아닌 우리들 스스로에게 발현되는 인간 본성적인 문제라고 할 수 있다.

스스로 비판하는 사고를 가지고, 다른 신념을 비판하는 것, 연역적인 우리의 생각이 중요한 이유이다.

이에 관한 자세한 내용과 방법, 진실로 우리가 합리적이게 되는 법들, 이는 다음 장에서 설명할 것이다.

우리는 우리에게 묶여서 자유롭지 못한 우리가 될 순 없다.

3.

집단주의와 반이성주의의 타계, 비판으로 수용하라!

세상이 돌아가는 방식은 항상 언제나 다수의 의견으로 결정되어 진행되며, 그리하는 것이 물론 타당하다고 할 수 있다.

이는 우리 모두가 알고 있듯이 최대 다수의 최대 행복을 지향하는 방향으로 지금도 이루어지고 있으며 말이다.

다만 지금의 그러한 행복들이 진정으로 '참'이라 말할 수는 없는 것이 작금의 현실이자, 우울의 상념 속을 헤엄치며 찾을 수 없는 행복과 그에 수반되는 정의를 찾아간다.

행복을 느끼는 주체 그 자체가 그것을 행복이라 칭하며 스스로를 기만하고, 그것에 의한 다수를 구성한다면 그것은 곧 우리가 지향하게 될 행복 추구이니까 말이다.

대부분의 협력을 요구하는 상황에서 소수만의 의견을 대변하는 집단주의는 참으로 경계되어야 되지만, 모든 일이 그렇듯이 아이러니하게 우리에게 진정으로 필요한 이론이기도 하다.

혹시 극단적인 정치적인 기조나 스스로에게 경도되어 비합리적인 인식으로 인한 편협한 사고관을 가진 인간들을 만나 본 적 있는가?

아마 한두 명쯤은 분명히 우리 주변에 존재하며 만나 봤기 마련일 것이다.

그것이 굳이 우리 책의 주제인 사회과학적인 문제이거나, 어떠한 정치적인 문제와 같이 논쟁이나 의견 충돌을 불러일으키거나 할 만한 주제들이나 민감한 주제들에 한정해서가 아니라 말이다.

일상적인 그 어떤 주제에서든 말이다.

그들은 솔직히 말하자면, 이러한 이야기를 하거나 심도 있는 토론을 나누고 싶지도, 애초에 그냥 감정적으로나, 성격적으로나, 인격적으로나, 심지어는 그 정도에 따라 인간적인 호감 자체가 들지 않게 하는 신기한 재주를 지녔다.

그들은 지역이나 성별, 임금이나 차별과 같은 꽤나 심도 있고 민감한 주제에서는 물론이고, 심지어는 그저 농담거리나 가벼운 주제에서조차도, 그 어떠한 주제에도 본인의 해석만을 확대하여 믿는 확증편향의 오류들을 범하며 이 세상을 본인만의 확고한, 지나치게 편향된 그러한 방식으로만 해석한다.

그러한 인간들은 본인이 삶을 위한 삶이 아닌 본인의 삶의 이론만을 지지하기 위해서 살아가는 것만 같다.

마치 그것을 사유하지 못하는 짐승처럼 말이다.

합리성이 결여된 인간이니, 어느 정도는 짐승이 맞는 셈이기도 하다.

그리하여 사회적으로 남들의 태도나 본인이 받는 대우로서 그 대가를 치르고 있으니까 그것에 대한 불만을 표하지는 않는다.

왜 저러나 싶은 개인적인 궁금증과 감정적인 동정심이 드는 것과는 별개로서 말이다.

뭐, 모든 타인들의 선택은 존중해 드리는 게 도리라고는 하다마는, 그저 제정신으로 사유하지 못하는 인간인 것인가 싶기는 하다.

하지만 우리들 또한 마찬가지로 이러한 문제점들을 가지고 있는데, 이러한 문제점은, 해석에 지나지 않으며, 현실과 동떨어진(그른 이론인 것을) 불완전하고 비합리적인 이론들을 받아들였을 때의 감정으로 본인이 확고한 진리를 깨우친 것처럼 굴며 그것을 행동으로 옮길 때 시작된다.

사람들은 본인의 '진리'를 다른 사람들을 받아들이며 깨우친다고 생각할 때 만족을 느끼는데, 그것을 행복으로 삼아 행동으로 옮겨 간다.

본인의 깨우침으로 인한 선구안적인 면모로 다른 이들과 생각을 일치시키게 하는 행동은 때로 우리에게는 상황에 따라 엄청난 쾌락과 만족감을 고양시켜 준다.

사람은 다른 이들의 부정을 극복해 내고 본인의 그것을 받아들이게 하려는 본능적인 일치의 갈구를 가지고 있다.

마치 사이비 종교와도 같이 말이다.

하지만 그것들은 거의 대다수가 허울 좋은 명분을 가지고 있지만, 자세히 사고하여 보면 미완성된 이론과도 같다.

특히나 이러한 현상들은 인터넷과 같은 정보적인 공간에서, 최소한의 규제가 존재하지 않는 상황과 결합되며 더욱이 빠르게 퍼져 나간다.

예전에는 스스로 사고하며 받아들여 갈, 아니면 누군가의 합리성에 의하여 거부당할 이론들이, 익명성과 제한되지 않는 공간에서의 유행을 무기로 삼아 우리들의 사고적인 추론을 거세시킨다.

그러다 보면 진정으로 그것이 진리인 줄 착각하며 그러지 않는 다른 이들을 깨우치지 못한 것처럼 비난하며 타인에게 극단적으로 굴며 행동하게 된다.

우리는 세뇌된 우리에게 스스로 묻기 이전에, 다른 이들의 의견을 경청해야 한다.

'자기 교정성'의 타인성 능력 함양을 말하는 것이다.

사이는 많은 이들이 과학을, 본인의 사회과학 이론을 절대적인 진리로 이해하기 때문인데, 전혀 아니기 때문이다.

자연법칙을 예시로 들어서, 지구가 우리를 잡아당기는 까닭은 중력 때문이 아니다.

중력은 단지 지구가 우리를 끌어당기는 힘과 그 능력을 설명한 것이지, 어째서, 그리고 어떻게 지구가 우리를 잡아당기는지는 그 누구도 모른다.

과학은 세계의 법칙을 만드는 무슨 절대적인 존재 같은 것이 아니라 그런 원리를 설명하는 학문이다.

그리하여 창조론자가 과학의 허점을 발견했다 해서 과학 그 자체가 학문적으로 부정되지는 않는다.

어느 날 중력의 작용 양상이 바뀌어 사람들이 두둥실 떠다니게 된다 해도 그것은 과학이 잘못된 게 아니라 인간이 그동안 관찰해 온 규칙(이를 설명한 것이 과학이다)이 틀렸음을 나타내는 단순한 진실이 되기 때문이다.

특히나 이것은 사회과학 분야에서 그 진가를 더욱 드러내는데, 설명하는, 적용하는 이론이 해석적으로 완벽하다 하여도 그것이 실행되는 주체가 각자 사유할 수 있는 능력을 가진 이들인 인간인 것이라는 사실을 망각하여, 그것이 본인이 해석한 대로 기초적인 토대를 갖추어 완벽하게 수행되지 않는다는 사실을 고려하지 않음이 더 크다.

이는 그것이 본인에게는 진실이라고 믿기 위하여 사유된 결과이기에 본인의 이론에 반발하는 이들과 이론들을 더욱이 묵살하고 받아들이며 그 과정에서 본인의 믿음을 근거로서 사유하게 되는, 비합리를 합리라 믿게 되어 일을 그르치게 된다.

이는 나와 반대되는 의견을 무시하며 비판하기보다는 그의 의견에서 주장과 근거를 검토해 보아 스스로의 착오를 깨우치는 데 사용할 수도, 그것이 아니라면 상대방의 모순적인 주장을 발견할 수도 있을 것이다.

스스로를 옹호하며 상대방이 그르다는 전제를 결부시키고, 동등한 지점부터 시작해 보고, 마찬가지로 타인 또한 그러한 능력을 지녔는지부터 확인하고서 말이다.

그러지 못한 인간이라면 후에 말할 스스로 비판적인 방법으로 사유하는 것이 훨씬 나을 것이다.

그러지 못한 이들이라면 토론과 변증, 논증은커녕 당신을 향한 최소한의 예의나 태도를 견지하지 못한 채 인격적인 모독까지도 드러낼 도덕성이 결여된 인간들이다.

스스로의 감정 조절 능력이 갖추어지지 않은 사람이라면 더욱이 그럴 확률이 높다.

방금 말했듯이, 그러한 인간들은 그 대가를 치르는 중이니 신사와 숙녀다운 우리들의 참을성으로, 그냥 무시하도록 하자.

그런 인간과 관계의 결과를 잠시나마 사유해 본다면, 얽히는 것 자체가 본인에게 손해인 인간임을 알게 될 것이다.

그것이 아니라면 최소한 우리의 경험에서 비슷한 이를 생각해 본다면 알 것이다.

하지만 제대로 된 태도를 갖추어 존중할 줄 아는, 예의와 자기 교정성, 원칙적인 인간과의 토론은 스스로의 의견과 사고에 이점을 가져다주고, 자신의 의견과 이데올로기, 이상과 어젠다를 교정할 수 있는 성장의 기회이며, 타인과 본인의 주장에 대한 반박이자 주장을 위한 근거, 근거를 위한 주장임을 간파해 낼 수 있는 역전의 기회이자 또 다른 스스로의 성장을 의미한다.

하지만 이러한 수용 방법은 사람에 따라 (보통 감정적인 인간일수록) 불쾌하게 생각되거나 자존심이나 명예가 실추될까 두려움을 느끼는 것과 같은 상황에서 더 큰 감정적인 격동을 불러일으킬 수 있다.

특히나 이것은 본인 스스로가 '진리'라고 믿어 온 이론일수록, 믿어 온 기간이 길거나 옹호한 만큼에 비례하여서 불쾌하게 생각할 가능성과 그 정도의 크기나 규모가 커지기 마련이다.

그 첫 번째 이유로서는 본인의 진리에 감히 반기를 든다는 오만함과 지극히 감정적인 판단이며, 두 번째로서는 본인의 진리에 대한 붕괴의 디딤돌이 될 가능성이 존재하는 것을 암묵적으로 예견했기 때문이다.

사람에 따라 그 이유가 무엇이던, 둘 다 보기에 유려한 사고관은 아니다.

다른 이들에게 진정으로 본인의 이론을, 이데올로기를 납득시키고 싶다면, 정면으로 맞서라!

그것이 아니고 자존심에 숨긴다면 본인들 속 망상에서만 충분히 합리적인 이론일 테니.

이러한 논증적이고 자기 교정적인 태도를 갖추는 것은 당신에게도, 당신의 이론의 부적합함을 덧붙이기에도 충분히 좋으며, 만일 그러한 경우가 아니라면 상대방이 가진 이론의 허점을 파악하던가 말이다.

만일, 당신이 진정으로 본인 믿음에 자신이 있다면 손해 볼 장사가 아니지 않은가?

진정으로 자신이 있다면 이러한 도전을 마다하지 않을 것이며 본인 스스로의 진정성을 입증하기에도 좋은 방법이리라.

그러지 않는 이들은 스스로 모순적인 이야기를 하고 있음을 스스로 알고 있거나 그것이 감정적인 본인의 감정이나 본인만의 개인적인 경험에 의거한, 비합리적인 개인의 몽상과 같은 주장을 하는 것임을 본인이 부정하여도 다른 이들이 알게 될 것이다.

이론은 혼자만이 아닌 다른 이들의 평가나 그러한 이론들의 정의관의 일치로 그 의의가 존재하는 것이기에, 그것을 인정하지 않는다면 그러한 본인은 처음 문단에서 설명한 짐승과도 같은 면모를 본인 또한 매한가지로 가지고 있는 것이다.

우리의 비합리적인 태도와 주장은 항시 누군가에겐 우리 스스로가 짐승임을 명심해야 할 것이다.

그렇지 않는다면 전에 명시했던 불행한 방법으로, 불행한 인간이 되어, 불행한 존재로서 남을 것이기 때문이다.

예외적으로 종교와 같은 관념적인 문제들은 감히 그러한 의견을 제시하는데도 신성모독이라고 칭할 수 있다만, 지금 필자가 서술하는 것은 관념적인 성격을 가지고 있는 종교적인 이야기는 아니다(물론 이것은 종교가 현실에 영향을 주지 않는다는 주장은 아니다).

또한 사회적인 문제를 종교적으로, 마치 신앙으로 받아들이는 이들에 대해서는 더는 할 말조차 없다.

그것은 사유하는 사람이 아닌 그저 짐승이니 말이다.

현실 사회에 관한 문제이니, 종교를 관철하는 데 각기 다른 종교적인 교리를 무시하거나 판단하지는 않겠다(본인의 종교적인 감정과 철학적인 건지를 떠나, 본인은 스스로 무교를 표방한다).

그저 종교가 현실 사회에 긍정적인 영향을 미치는가, 아니면 종교적인 의미를 벗어나 부정적인 영향을 끼치는가, 지금 도움이 되는 모습을 보이는가, 보이지 않는가를 따질 뿐이다.

이러한 종교에 대한 태도는 우리 사회와 삶에 영향을 주는 물질에 관하여 변증적으로 우리의 결론에 도달하기에 합리적이다.

관념적인 주제와 현실 사회에 관여하지 못하는 부분을 도려내어 내세나 죽음, 사후의 관념적인 존재와 정신적인 지지를 제외하고 사유하여야 한다.

우리는 물질에 대한 영향을 가진 이론을 이야기 중이니 말이다.

마지막으론, 당연히 독자들께서 알고 있겠지만, 인터넷과 같은 광대한 정보의 바다에서는 검증되지 않은 사실들을 마치 사실처럼 교묘하게 속이는 데 능한 인간들이 설법하는 장소임을 말해 두겠다.

이러한 이야기를 전제로 하는 의미는 바로, 스스로 어떠한 이론들이나 사실들, 정보들을 수용하기 전에 그것을 반박하는 상대방의 역할을 본인 스스로 수행하기 위함이다.

그들은 증거를 본인 주장에만 유리한 것들만 나열하든가, 주장에 뒷받침이 될 내용을 조작한다든가, 다른 이를 속아 넘기는 데 실력 없는 이들이라면 터무니없는 주장을 하는 것을 구분해 내어 알게 될 것이다.

하지만, 그러한 터무니없는 주장을 하는 인간들에게 속아 넘어간 불쌍한 이들을 보면, 정보 취약 계층, 대부분이 노인들이거나 어린이들이지만, 항상 매번 절박한 사람들에게만 일어나지는 않는다. 충분히 실력 좋은 비합리적인 주장들을 설법하는 이들에게 속아 넘어가지 않게, 자기비판적인 수용 태도와, 믿을 만한 정보들을 제공하는 곳들에서의 정보들과 교차 검증을 통한 검산을 해 보길 당부한다.

과거와 다르게 시간이 지나고 기술의 발전으로 이루어진 정보화의 시대가 도래하면서, 확고히 검증되지 않은 이론들은 너무나 교묘하게 사람들을 속이려 들고, 많이들도 속인다.

이는 현명한 인간들도 마찬가지로, 그러한 방대한 정보들을 확실하게 분간하기 더욱 어려워진 상황이다.

우리에게 가장 중요한 것은, 스스로가 특정한 이들의 이익을 위한 신념을 따르고 있지는 않는지, 그것이 과연 본인의 정의 실현을 위한 테제인지 따져 보아야 할 것이다.

이것은 바로 '자기 교정성'의 독자적 능력 함양을 말하는 것이다.

우리는 스스로 사고하며 합리성을 구분해 나가는 능력을 작금의 정의롭지 못한 사회에 빼앗겨 버렸기 때문이다.

슬프게도 이젠 우리는 사회적인 이상에 대해서 객관적으로 받아들일 수 없고, 합리적으로 받아들일 수 없다.

그 이유로서는 그러한 분열로, 그것으로 지속적인 이익을 도모하는 세력에 의해서 이루어지기에, 그러니 스스로 사고하며, 끊임없이 본인의 이론을 비판하라, 남들의 의견을 먼저 들어 보고 대조하며, 감정을 배제하여 합리적으로 냉정하게 사고하라.

이는 마찬가지로 지금의 이 책과 다른 의견들에게도 동일하게 적용해야만 할 것이다.

정보의 수용을 감히 쉬이 생각하지 마라.

자기 스스로의 정의 실현이 다른 이의 기만이자, 남의 입으로 보증 받으며, 이익이 될 수 있음을 항상 기억하라.

우리를 스스로 정의롭다고만 믿는 바보로 분열시켜 정체되게 하기 전에 말이다.

우리는 다른 이들의 비판을 받아들이기를 본성과 감정이 거부하게 만들며, 스스로 사유하며 비판할 능력은 옳고 그름을 정해 둔 누군가의 입맛에 맞는 사회에 의해 무시당하거나 결여된 채로 살아간다.

이는 옳지 않으며, 그러기 위해서는 일단 본인 스스로의 변혁을 주도하는 것이 가장 큰 의미를 가질 것이다.

이미 당신이 그러한 인간이라면, 당신과 다른 이류를 사고하여 보는 것이 당신과 그 반대의 입장에서 생각해 보는 것과 수반되는 옹호도 많은 깨우침을 우리에게 선물하여 준다.

그런 의미에서, 우리는 추가적인 정보의 수용에 관한 태도를 알아보았는데, 이는 이번 우리 여정의 시작이라고 할 수 있겠다.

방금 우리는 어떠한 태도를 가지고 정보를 수용해야 하는지를 따져 보았는데, 이제는 그 이유와 까닭, 행동해야 하는 이유들, 이를 알아볼 차례이다.

내가 이번 장의 제목을 집단주의와 반이성주의의 타계라고 칭한 이유는, 바로 우리 상념들 속의 가장 큰 가치 판단, 그리고 도덕성 판단의 잣대와 그것들이 유관하기 때문이다.

우리들은 항상 문제가 발생한 상황에서 그것을 인식하는 방법도, 그에 대한 정도나 해결책을 강구하거나 그 방법론에 대한 판단마저도 서로 상이하기 마련이다.

그리하여 우리들은 모두가 똑같은 어떠한 주제를 다루더라도 서로 다른 생각을 하게 되는데, 그러한 사실을 감정적으로 받아들이지 않고 다름을 인정하는 태도를 합리적으로 본다. 하지만 이러한 합리적인 해결책을 알고 있는 상황에서도, 더욱 민감한 주제들에 관하여 서로 상반되는 의견을 가지고 있으면, 진정으로 알고 있음에도 개인적인 감정에 휩쓸려 서로 그러한 감정의 충돌을 야기하는 경우가 많다는 사실을 모두들 알 것이다.

그리하여 우리들은 특히나 그러한 상황을 야기할 가능성들이 더욱 높은 주제들, 예를 들어서 사회 정책적인 방안의 갈구나 이념에 따른 정치적인 기조의 차이 같은 것을 다룰 때에 평소보다도 더 민감하게 반응하기 마련이다.

그 이유로는 인간들은 본래 '본인이 옳다.'라는 판단을 별 의심 없이 받아들이고, 결점 많고 현실과 동떨어진 이론의 유일한 옹호자가 될 가능성이 크기 때문이다.

이러한 이론들의 비합리적인 수용으로 인한 옹호는 현실 사회의 긍정적인 변혁을 주도하는 데에는 굉장히 큰 적이라고 할 수 있다.

다만 이러한 부정적인 상황을 악화시키는, 또 다른 우리의 본성들이 존재하는데, 이것이 바로 전에 말했듯이 '내가 옳다'라고 믿는 신념이나 그 방법을, '옳지 못하다'라고 판단하는 사람에게 강요하며 그것을 따르게 만들기 때문이다.

이러한 본성은 다른 의견을 가진 사람에 대한 혐오와 본인만의 정의관의 갈증을 불러일으킨다.

그러다 보면, 같은 의견을 가지며 대표하는 이들이 교묘하게 본인으로부터 이익을 취하려고 하거나 본인 의견에 문제가 생겨도 그것을 인지하지 못하거나 심하면 본인으로부터 이익을 부당하게 취하려거나 권력의 욕망을 가진 이에 대한 비판마저 갖가지 명분을 갖다 대며 부정하고, 비합리적인 태도로 일관하게 하기 때문이다.

이것은 집단주의로 변질되어, '결국 우리는 옳고, 그들은 부정된다.'라는 최악의 이데올로기와 정치적 기조의 극단에 서게 만든다.

이게 왜 최악의 신념인지는 독자들 또한 약간의 차이만 있을 뿐 수용하는 데 문제가 있다는 사실에는 동의할 것이다.

그 공통점을 풀어나가 정의해 보자면, 다음과 같다.

이것은 엄청난 대중인민의 권태로서, 흔히들 우리의 권태가 시작되어 사회 변혁의 정체가 이루어지는 가장 큰 이유들 중 하나이다.

대중들 간의 분열은, 사회 변혁을 이루지 못하게 함으로써 대중인민들이 가진 가장 큰 힘을 잃어버리는 것이며, 그와 동시의 부도덕한 신념을 이끄는 엘리트들, 지식인들의 권태의 가장 큰 옹호자가 바로 그들 사회의 주인인 스스로가 되는 것이기 때문이다.

그러한 권태들로 인하여 눈치 볼 대상들이 없어진 엘리트들과 권태로운 지식인들은 더욱더 분열시킨 대상들에게 이익을 취하려 선동들과 유리한 정보들만을 설법하며 정치적인 싸움을 부추긴다.

그들은 참으로 똑똑해서, 대중들을 이용하며 이익을 도모할 때는 그들끼리 경쟁하는 듯 보이지만, 대중의 일치된 정의관이 생기지 않도록 동맹하여 행동한다.

대중들의 일치를 이루기 전의 선결문제로, 일치하게 되어야 할 정의관이 불투명해진다면, 각기 다른 정의관의 이름 아래, 그것을 미명으로 개인의 이익을 그제야 도모하며 경쟁한다.

실제로도, 사적으로 그들 대부분이 긴밀한 관계로 이루어져 있음을 모르는 이는 존재하지 않는다고까지 할 수 있다.

본인들의 문제들은 전부 모조리 그들의 신실한 눈먼 지지자들의 영역이

되어 간다.

그들은 비판받아 마땅하지만, 이러한 상황의 조성은 다름 아닌 우리들, 대중의 책임임을 기억해야만 하는데, 이는 다름 아닌 우리들의 권태가 그들의 권태를 불러일으킨 것이기 때문이다.

이는 그렇대도 정말 지긋지긋하게 환멸이 나는 이들과 이론이지만, 우리는 물론 이러한 감정으로 우리의 의무를 그르치는 일을 만들어서는 안 될 것이다.

합리적인 사고관을 가진 이들 덕분에 이루어진 일들로 하여, 우리 대중들 중 극단적인 이상과 일치되지 않는 정의관으로 그들의 이익을 도모하여 주는 이들의 숫자가 합리적으로 사유하는 이들의 숫자만큼이나 더욱이 많아졌기 때문이다.

따라서 이들을 규제하며 개안시켜야 할 지식인들마저도 권태로운 대중들의 정도로 빛을 발하지 못하기에 그들 또한 권태에 빠지기 때문이다.

물론 권태의 책임을 따져 본다면, 지식인들의 책임 또한 없지는 않을 것이다.

하지만, 지식인들로는 권태를 개안하는 것을 도모할 수 있을 뿐, 그것을 받아들여 바꿀 수 있는 결정권은 오직 대중인민만이 가진 천부적인 것이다.

이에 따라서 권리와 동시에 가장 큰 책임을 지는 이는 도덕적이고 사회적인 의무를 다하지 않은 다른 계층들보다도 대중들이 그것을 감내해야 알맞을 것이다.

물론 이러한 상황은 파국으로 치닫고 있어서, 작금의 상황 변혁을 위해서는 지식인들의 노력과 대중들의 개안이 무조건적으로 필요할 것이다.

그러지 않는 상황에서 설법하는 지금의 엘리트들과 권태로운 지식인들은, 자신들의 이익을 위하여 계속 본인의 비합리적인 이론들을 설법한다. 마치 자기네들이 이 세상의 전부이자 구원자이고, 자기들만이 오직 국가의 존립을 유지하려 드는 양 말이다.

그러한 주장들에 무비판적인 수용으로 응수한다면, 권태에 빠져 만일 당신이 그리한다면, 그렇다면 분열과 혐오는 심해지고, 서로의 이상을 대변하는 이들의 부도덕적인 이익을 옹호하며, 더 큰 이익을 정당화하여 취하려 드는 이들의 공작으로 하여 서로를 다시 옹호하고, 우리마저도 비합리적으로 사유하지 못하는 바보로 천천히 만들어 가는 악순환의 시작이다.

계속해서 다시금 이 과정을 되풀이하여 반복하다 보면, 우리는 어느샌가 우리가 불쾌해하던 인간들과 같이, 마찬가지로 똑같은 주장과 똑같은 정당화만을 되풀이하는 짐승이 될 것이다.

이와 같은 광증을 극복해 내기 위한 방법들이 위에 설명했던 방법들이고, 그러한 광증의 성격을 가지고 있는 이 악순환의 종말이 그 이유라고 할 수 있다.

우린 스스로를 다른 이의 이익을 위해 살아갈 존재들도 아니고, 그렇게 비합리적인 인간들도 아니며, 본성을 이겨 내지 못하는 짐승도 아닐뿐더러, 그러한 관념적인 사고력 또한 갖추고 있기 때문이다.

스스로 그러한 삶을 택한 이들을 향한 우리의 합리적인 불쾌한 감정들과, 마지못한 우리의 조소 섞인 동의와 동정 섞인 비웃음이 그 반증이다.

반박과 반론에 대한 설명 없이, 비합리적으로 자기 말만 되풀이하는 이들은 마치 짐승과도 같으니까 말이다.

하지만 언제나 존재하는 예외적인 경우로, 이들 중 그러한 사실을 인지하면서도 사유하는 이들이 존재한다.

간혹 정말 신중한 이들이거나, 보기 드문 따뜻한 마음을 지니고 있는 이들은 진심으로 그들의 이론들을 사유하여 보겠지만, 결과는 비합리적인 그들에 주장에 공감하거나 납득하지 못할 것이다.

사실 그들의 이론이 제대로 재해석될 여지가 존재하는 것이 아닌, 그른 게 분명한, 극단적인 이론들임을 이미 알고 있기 때문이다.

분열로써 부정직한 이익을 취하는 똑똑한 위선자들과 명분들을 주장하는 사람들에게, 이득을 가져다주어 그들의 행복을 본인들의 이익으로 부리는 사악한 자들의 꼭두각시로서 살아가기 안성맞춤인 사람들이다.

서론에서 본인이 서술하였듯이, 우리는 언제나 사유할 수 있는 존재들이다.

우리는 꼭 배를 굶주려 봐야 배고픔을 깨달을 수 있는 천치들이 아니며, 그리고 그럴 생각 또한 절대로 없다.

물론 그것이 경험이 좋은 스승임을 부정하는 것은 아니다.

하지만, 다른 관점으로 문제를 사유한다고 주장하며 경험에 의존하려는 성향을 가진 이들은 알아야 할 것이다.

본래 경험이라는 것은 긍정적인 경과이든 부정적인 결과이든 일단 그것을 겪어 보아야 그 의미와 근거가 존재할 수 있기 때문에, 현실에서의 일들을 전부 몸으로 부딪히며 깨닫기에는 무리라는 사실을 알아야만 한다.

설령 그것을 견뎌 내며 제대로 된 경험을 쌓을 각오와 준비가 되어 있는 이라고 해도 말이다.

왜냐하면, 그러한 결과에 대한 책임의 의무가 존재하는 사람들은 본인들뿐만이 아닌 구성원들 모두가 받아들이고 수용해야 할 모두의 책임이자 결과이기 때문이다.

다시 말해, 본인의 관념으로 인한 선택의 책임의 전가는 모두에게 되돌아온다.

다른 시각과 그 의견은 존중하지만, 그러한 위험한 결과의 초래를 다루며 다른 이들에게 이끌어야 존재할 수 있는 이론들은 비판받아 마땅하기 때문이다.

그러기에는 우리의 시간이 세상의 변화를 따라잡아 인식하기에도 충분히 모자라기 때문이리라.

우리의 세상은 매일 밤낮 구분 없이 빠르게 변해 간다.

그렇게 변해 가는 세상들 속에서, 사소하고 자그맣고 전혀 동떨어진, 머릿속에서 잊어버려도 별문제가 없는 같잖은 정보들에서마저 갈등을 조장한다.

더 큰 조장을 통해서 그것으로 이익을 얻기 위함이다.

그것이 긍정적이든 부정적이든 새로운 규칙들이 생겨나며, 새로운 이론들과, 부정직한 이익을 얻으려는 방법들, 매 순간 일어나는 범죄들과 사회적인 논란들, 그리고 그것을 다루며 옳고 그름의 판단을 내리는 매스컴들과 주체들, 그리고 그들을 신봉하며 의미 없는 주장에 시간을 낭비하는 비합리적인 보증인들이 쉴 새 없이 생겨나는 사안들에 관해서 떠들어 댄다.

그리고 그러한 혼란 속에서 사람들의 관념을 상대로 이익을 거둬들이며 설법하는, 거짓과 진실은 상관없다는 듯이 관심만을 끌어 본인의 이익만을 도모하는 이들이 존재한다.

물론 이들은 그 설법으로 정보들의 공유를 원하는 것이 아니며, 그것의 의미는 본인 스스로에게 경도된 이론들을 비합리적인 판단으로 우리에게 강요하는 것이다.

그것은 우리에게 혼란을 가져오며, 본인의 이론들을 정당화하는 수단으로 삼아 정보들을 이용한다.

물론, 정보 그 자체만을 가지고 이론을 만드는 이들, 이론을 가지고 정보를 수단으로 삼는 이들의 권태가 보여 주는 차이는 분명 존재하는데, 이는 사회에 대한 의무의 권태임은 동일하지만, 그 둘의 방법론이 동일하다는 것은 아니다.

권태는 우리의 이론들만큼이나 두 배, 세 배, 그 정도의 수가 아닌, 그 이론의 한계들의 모든 가능성에서 그들의 존재를 이루기에 우리가 그 수는 감히 헤아릴 수 없다.

그 수는 우리 인간의 본성이 추구하는 방향과 그 실현의 가능성이 존재하는 모든 부분에서 일어나기 때문이기에, 그것은 존재하다가 소멸되고, 다시금 본성에 의해 벌어지는 일들이다.

이러한 복잡하고 부정한 상황은, 현실에서 환멸로 존재하는 일들로 나타나며, 지금도 방대한 정보화의 결과로서 끊임없이 이루어지고 그 존재를 피력한다.

한데 이런 작금의 사회에서 그것을 구분해 내는 능력을 제대로 갖추지 못한다면 변혁은커녕 무엇이 진실이고 무엇이 거짓인지 구분해 내지도 못할 것이 자명한데, 이 미친 듯이 쌓여 가는 이 정보들 속에서 우리는 과연 참으로 지혜로울 수 있을까.

스스로의 이익을 위하여 만들어진 수단에 의하여 비합리적인 판단을 내리지는 않을까.

우리는 진정으로 그것이 합리적인가를, 누군가의 이익을 추구하는 열망에 비합리적인 이론과 정보들을 나도 모르게 옹호하고 대변하는 상황이 벌어지진 않았나 생각해 봐야 할 것이다.

특히나 규모의 차이로서, 우리는 이러한 같잖은 정보들 말고도 국가적인 상황의 추이를 지켜봐야 하는 사안들은 또한 마찬가지이지만 더욱이 그 정도가 심하다.

이런 상황일수록 대중들이 특히나 비판적인 자세로 정보들을 수용해 보아야 할 것이다.

그나마 다행인 것은, 정보의 양이 방대해지면서 대중을 상대로 한 선동의 수준과 질 또한 낮은 정보들 또한 많아졌다는 것인데, 이것은 사실 긍정적인 사실은 아니지만 그러한 정보들의 합리적인 구분을 위한 어려움이 줄어들었다는 것이다.

절대 본인이 속한 집단의 사고를 생각 없이 따라가거나 동의하지 말라 그 것은 집단주의에 의한 본인 합리성의 구속이다.

또한 본인이 신봉하는 이론들의 선구자나 창조자, 대표자들에게도 무비판적인 수용은 금물이다.

제대로 된 지식인들끼리의 토론과 논증적인 토론으로도, 밝혀지지 않은 사실관계나 이론의 적합성을 알 순 없다.

본인을 믿고 행동하는 것은 좋지만, 본인의 행동과 생각이 언제나 옳다고 생각하는 것은 금물이다.

우리가 확신으로 가져야 할 옳은 생각은 단 하나, 어느 때나 항상 진정으로 선함을 추구해야만 하는 것이다.

언제나 어느 때나, 우리가 선할 수는 없으니까 말이다.

선함의 의미와 악함의 의미가 지성과 비합리를 언제나 대표하는 것은 아니기 때문이다.

선과 개인의 합리적인 선택 사이에서 우리는 결정해야 할 때가 존재한다.

우리는 선을 위해, 진정으로 사회를 위하여 본인에게 물질적인 이익이나 사회적인 지위나 명성을 내려놓는, 개인의 물질적인 성공과는 비합리적인 면모를 보여야만 할 때가 있다.

우리는 이러한 문제들을 '현실적인 이유'로 치부하며 모순적인 행태를 보인다.

이러한 문제들은 정말로 스스로가 홀로 결단 내리기 힘든 문제들인데, 이 문제는 정보의 수용과는 또 다른 우리의 선택에 관한 문제이므로, 이와 관련된 서술들은 다음 장에서 설명하겠다.

권태의 순환과 생성

여러분들은 대다수가 이 드넓은 광대한 사회에서 벌어지는 일을 모두 알 수 있는가?

물론 당연하게도 그것은 불가능하다.

그러기에 우리는 기술의 발전으로 등장한 통신매체나 그러한 일을 전문적으로 수행하는 정보매체들에게서 그에 대한 정보를 얻는데, 이는 우리의 상황에 대한 인식과, 대중의 합리적인 의견 일치로 여론을 형성한다.

이러한 정보들은 헌데 그대로 우리에게 전달되지 않으며, 그 정보를 전하는 이들의 입맛에 바뀌어 우리에게 다가오는데, 그리하여 우리는 언론의 자유와 그 본질을 알 필요가 존재한다고 할 수 있고, 대중의 권태로 야기되는 지식인의 권태, 그것을 악용하는 이들과 인간 본성에 의해 일어나는, 사람들의 입에 오르내리는 소동의 존재가 가져다주는 이득이 초래하는 그들의 부당한 이익이 어떻게 실현되는지를 알아야 한다.

그렇다면 과연 우리는 어떠한 태도로 이와 같은 정보들을 수용해야 하는가?

그리고 정보의 전달이 과거부터 오늘날까지 우리 사회에 전달하는 정보를 수단으로 어떤 영향을 끼쳐 왔는가를 사유하여 보아야 한다.

이는 이론으로 벌어지는 권태와, 지금 장의 정보로 벌어지는 권태, 비합리적인 신념으로 일어나는 권태와 같이 대중의 일치를 다루는 권태들 중 하나로, 가장 비판받아 마땅한 테제들이기 때문이다.

작금의 우리가 정보의 수용으로 인하여 이루어지는 결과와 그 영향들은 형용할 수없이 많을 것이다.

요즘의 사회에서는 기술의 발달로 개인의 정보제공과 미디어를 통하여 이루어지는 수없이 많은 정보의 매체들이 난립하지만, 그러한 매체들 중 가장 영향력 있는 정보들은 제공하는 것은 바로 뉴스 기사와 신문과 같은 매체들이다.

물론 개인 매체들 또한 그 위세를 늘려 가고 있지만, 아직은 언론의 입김이 신빙성에서나 중립성에서나 더 뛰어나기에, 대중들은 언론에 주로 의존한다.

이들은 대중의 일치인 여론을 형성하여 문제에 대한 인식을 도와주지만, 그러한 일치를 이용하여 오히려 분열을 야기하는 경우도 많다.

이러한 권태는 어떻게 등장하였으며, 왜 존재하게 된 것일까?

언론은 대중들의 자연스러운 진실을 알아 문제를 사유하여 해결하려는 욕구에 의해 등장하게 되었으며 여러 문화권에서 그 가치와 대중들의 열망으로 인정받아 아직까지도 굉장히 큰 사회의 부분으로 자리 잡아 있다.

이러한 언론들이 다루는 정보들의 기준은 대체적으로 여섯 가지로 나누어지는데, 이는 대중의 관심과 이목을 끌고 위함이며, 마찬가지로 이러한 기준에 비준하지 않는 정보들은 상대적으로 그 가치가 우리에게 있어 무가치하기도 하다.

우리들은 단순히 사나운 들개 한 마리가 사람을 물어 늘어졌다는 사실이

크게 중요하지는 않다는 것을 안다.

물론 그 반대의 경우라면 보도되어질 것이다.

그 기준들은 영향성, 신기성, 저명성, 근접성, 갈등성, 시의성과 같은 것들이 그 기준이다.

첫째로 영향성은, 사실(또는 사건)의 영향을 받는 사람의 수를 의미한다.

즉, 사건의 영향을 받는 사람이 많으면 많을수록 영향성은 커진다.

예를 들면 고속도로에서 일어난 단순 추돌 사고는 기사화될 가능성이 낮지만 사망자가 많이 발생한 대형 교통사고는 기사화될 가능성이 높다.

시의성은 발생한 시간의 경과를 따지는 기준으로, 시의성은 사실 발견(확인) 또는 사건 발생 후 경과된 시간을 의미한다.

최근에 일어난 사건일수록 시의성은 커진다고 할 수 있고, 그와 반면에 오래된 사건일수록 수용하는 대중들의 시의성이 떨어져 뉴스의 가치는 줄어든다.

최근에는 24시간 뉴스 채널과 인터넷의 개인 정보 전달 매체들의 등장으로 시의성의 중요도가 특히나 매우 높아지고 있다.

저명성은 누구나 아는 사실로, 보도의 대상이 사회에서 유명한 정도를 의미한다.

당사자가 유명하면 유명할수록 저명성은 커진다.

마찬가지로 평시에 유명하지 않았더라도 대상인 당사자가 가진 사회적 영향력이나 지위가 클수록 저명성은 되풀이되며 커져 간다.

근접성은 상대적인 개념으로, 근접성은 사실(또는 사건)이 사건이 일어난 지역과 뉴스가 배급되는 지역의 거리의 정도라고 할 수 있다.

사건이 일어난 장소가 가까우면 가까울수록 근접성의 의미는 커진다.

예를 들자면, 수도와 멀리 떨어진 지역에서 일어난 사건에 중앙지는 적은 지면을 할애하겠지만, 그 지역과 가까운 곳에서 발행되는 지방지는 그 사건에 더 큰 지면을 할애할 가능성이 높은 것처럼 말이다.

이는 단순히 물리적으로 근접한 경우만이 아닌, 특정 지역과 관련 있는 인물이나, 지역을 대표하는 이들의 사건의 보도를 그 지역에서 중점적으로 다루는 것 또한 근접성의 간접적인 기준이자 일부라고 할 수 있다.

신기성은 당연히 고려되는 사실로, 신기성 혹은 일탈성은 사실(또는 사건)이 우리의 일상생활에서 일어날 확률이 적은 정도를 나타내는데, 이는 평범한 바나나가 아닌, 하늘은 나는 바나나가 등장하면 그것에는 취재가 이루어지는 것처럼 관심을 가질 만한 주제가 바로 그것이다.

그리고 가장 큰 이목을 끄는 주제이자, 이러한 기준들 중 가장 큰 빈도로 권태를 불러오는 갈등성이 존재한다.

갈등성은 사실(또는 사건)을 둘러싼 이해 당사자들 간의 갈등의 정도이다. 갈등이 깊으면 깊을수록 갈등성은 커진다.

평화가 유지되는 지역보다는 전쟁 같은 갈등의 상태에 놓인 지역에서 일어나는 사건이 갈등성이 높다.

우리나라의 외교적인 경우와, 현재 벌어지는 러시아-우크라이나 전쟁을 떠올려 보면 쉬운 개념일 것이다.

이러한 기준들로 언론들은 정보의 전달로 얻을 영향력과 그 사유를 기대한다.

그리고 이러한 기준을 통과한 정보들을 제공할 때, 뉴스 기사는 뉴스 가치에 의해 선택된 사실을 기술한 글로써, 그 문체의 원칙인 육하원칙이 요구하는 내용을 서술한다.

기자 자신의 주관을 배제하고 객관적으로 작성하는 것이 원칙이다.

기자 자신의 주관은 오피니언에서 서술하여야 한다.

또한 뉴스 기사의 내용은 정확하고 분명하여야 하며, 전체의 일부만을 강조하거나 편파적이지 않아야 한다.

이러한 원칙에 따라서 보도의 원칙이 존재하는데, 그 원칙들의 공통점이라고 하면 무엇보다도 그 사실성과 중립성이 중요하다.

사실성이란 어떤 이야기를 더 부드럽게 만들거나 누군가의 (보도자 그 개인이나, 아니면 언론사의 정치적인 기조이든, 간에 말이다.) 특정 의견에 맞추기 위해 사실이나 세부 정보를 왜곡하지 않고, 정확하고 진실한 정보만을 보도하는 것을 의미한다고 할 수 있다.

중립성은 보도하는 그 이야기가 중립적이고 공정하며 공평한 방식으로 전달되어야 함을 뜻한다.

이 개념에 따르면 보도자는 스스로 사유하며 판단을 내리는 객체가 아닌, 그저 사실만을, 어느 한쪽에 편향되지 않고, 모든 관련 사실과 정보를 중립적으로 제공해야 한다.

보도자는 또한 합리적으로 객관적인 태도로 문제에 접근해야 한다.

이를 통해 이야기를 이성적이고 차분하게 제시하는 것을 바탕으로 하여 수용자가 미디어의 영향을 받지 않고 스스로 판단할 수 있도록 하는 방법이 가장 효과적이다.

이러한 객관성과 중립성의 필요성은 어소시에이티드 프레스(AP) 편집자들에게 처음 생겼다.

그들은 스스로가 당파주의를 통해 보도의 시장을 좁힐 수 있음을 깨달았다.

그들의 목표는 모든 신문에 도달하고, 어떤 기울임과 논평이 필요한지 결정하기 위해 개별적인 독립신문, 일간지에 맡기는 것이었다.

워싱턴의 AP 책임자인 로렌스 고브라이트는 1856년 의회에서 객관성의 철학을 다음과 같이 설명했다.[3]

"정확성은 정보를 왜곡하지 않고 정확하고 진실한 내용만을 전달하여 이야기를 더 흥미롭게 만들거나 특정 의견에 부합시키는 것이 아닌, 중립적인 방식으로 보도하는 것을 의미한다. 중립성은 이야기가 편향되지 않고, 모든 관련 사실과 정보를 제공하여 공평하고 공정한 방식으로 전달되어야 함을 뜻한다.

보도자는 이를 바탕으로 객관적인 태도로 문제에 접근하여 이야기를 이성적이고 차분하게 제시하는 것이 가장 효과적이다.

나의 지시는 내가 전달한 사실에 대해 어떠한 언급도 허용하지 않는다.

내 파견은 모든 종류의 정치 신문에 보내지며 편집자들은 그들에게 보내진 사실에 대해 자신의 의견을 말할 수 있다고 말한다.

나는 어떤 학교에 소속된 정치인으로 행동하지 않지만, 사실적이고 편파적이지 않은 보도를 위해 노력한다. 내 파견은 단지 사실과 세부 사항의 간략한 문제이다.

이를 통해 수용자가 미디어의 영향을 받지 않고 스스로 판단할 수 있도록 하는 것이 목표이다."

결론적으로 언론이 가지는 원칙인 객관성의 기원에는 세 가지 핵심 요소가 있다.

---

3) Richard Schwarzlose(1989). Nation's Newsbrokers Volume 1: The Formative Years: From Pretelegraph to 1865. pp. 179.

저널리즘의 권태를 야기하는 정치적 모델에서 단순히 대중을 위한 정보 제공을 통한 상업적 모델로 전환하려면 정치적, 이데올로기적 스펙트럼을 넘어 대중들을 상대로 독립적인 집중을 할 수 있는 콘텐츠 제작이 필수불가피하다.

전신은 언론인에게 이야기의 시작 부분에서 가장 중요한 사실을 우선시하고 지리적으로 다양한 청중에게 어필할 수 있는 방법으로 하여 단순화되고, 규격화된 일반적인 스타일을 채택하도록 압력을 가한다.

20세기 초의 저널리즘은 윤리적 원칙에 따라 특별한 훈련, 고유한 기술 및 자기 규제가 필요한 전문 직업으로 스스로를 정의하기 시작했다.

여기에서 서술하는 전문화는 좋은 저널리즘의 기초로서 객관성 체제를 정상화하여 저널리스트와 편집자/출판사에게 혜택을 제공한다.

이들의 지식인의 의무를 향한 객관성과 중립성의 등장은, 다름 아닌 지식인들 스스로 만들어 낸 것이다.

하지만 이러한 원칙들을 통하여도, 대중의 권태가 야기되고 배경이 되어, 그 원칙들을 어길 때에 바로 여기에서 언론이 가지는 권태와 부패가 드러나 이루어진다고 할 수 있으며, 기자들이 가지는 보도 원칙과는 달리, 그것을 지키지 않음으로 권태 또한 의무와 함께 탄생하는 것이다.

그리고 그러한 권태는 기사의 주제와 기준을 악용하여 편파적이거나, 이익 실현을 위해 정보의 진실성을 변모시켜 보도한다.

언론이 다루는 정보들은 보통, 다수에 의해서 소비되는 경향을 선호한다. 그러기 위해서 대중의 이목을 끌어 본인들의 이익 실현의 욕구가 그 의무와 준칙을 지키지 않을 때, 권태는 시작된다.

이는 대중이 원하는 것을 보여 줌으로써 이익을 취할 수 있다는 판단이들어 그것을 결정할 때 이루어지기 시작한다.

물론 권태의 수준은 대중의 권태의 수준과도 일맥상통하는데, 그리하여 보통의 경우 언론의 권태는 많은 이들을 대상으로 하여 특정한 집단에 속한 이들을 대상으로 하여 뉴스의 보도를 이루려 하고, 대중의 그릇된 권태와 비합리적인 정의관은 그것을 부추기며 키워 나간다.

하지만 물론, 사건의 영향을 받는 사람의 수가 적어도 영향을 받는 사람이 정책 결정자나 엘리트라면 영향성은 커진다.

보통 언론들은 그러한 인물들과도 결부되어 권태가 이루어지는 경우가 많으며, 언론사들과 결부된 권태로운 집단의 대표자들을 그들의 이해관계와 이익실현에 따라 판단하여서, 그들을 옹호하거나, 비난한다.

그리하면 그를 지지하는 대중들과, 지지하지 않는 집단의 이들의 분쟁으로 그 이목은 커지며, 그러한 보도를 통해 얻는 저명성과 결부된 이들의 이익 실현을 도와주기 때문이다.

권태들의 연합이자, 대중들의 권태로 이루어지는 정당화이다.

이를 매체 편향이라고 칭한다.

매체 편향은 보고되는 많은 사건과 기사와 보도 방법을 선택하는 대중 매체 내의 언론인과 뉴스 제작자의 편향이다.

'매체 편향'이라는 용어는 개별 언론인이나 기사의 관점이 아니라 저널리즘의 기준에 위배되는 만연하거나 만연한 편향을 의미한다.

여러 국가에서 매체 편향의 방향과 정도는 널리 논란의 여지가 존재한다.

하지만 이것들은 공통적으로 정보의 소비자인 대중들을 본인들의 의중대로 기만한다는 사실이 동일한 권태이다.

언론 중립성에 대한 실질적인 제한에는 언론인이 모든 가능한 기사와 사실을 보도할 수 없다는 점, 선택된 사실을 일관된 내러티브로 연결해야 한다는 요건이 포함된다.

공공연하고 은밀한 검열을 포함한 정부의 영향력은 일부 국가에서 언론을 편향시키며, 특히 정치와 매체 편향은 서로 상호 작용할 수 있다.

언론은 정치인에게 영향력을 행사할 수 있는 능력이 있고 정치인은 언론에 영향력을 행사할 수 있는 능력이 있다.

이것은 사회의 권력 분배를 변화시킬 수 있다.

또 다른 영향력을 끼치는 요소인 시장의 힘, 그러한 자본 운용의 주체 또한 편향을 유발할 수 있다.

예를 들어 매체 소유권의 집중, 직원의 주관적 선택 또는 의도된 청중의 인지된 선호도를 포함하여 매체 소유권으로 인해 발생하는 편견이 있다.

물론 당연하게도 이러한 권태에 대응하여 언론의 편향에 대해 보고하는 여러 국내 및 국제 감시 단체가 마찬가지로 존재한다.

가장 일반적으로 논의되는 편향 유형은 대중들의 진실 거부로 인한 권태로 인하여 무비판적인 수용이 벌어질 때, 그 이후의 일로, (그 정치적 당파라고 주장되는) 매체가 특정 정당, 후보자 또는 이념을 지지하거나 공격할 때 발생한다.

이는 지식인과 엘리트 간에 이루어진 권태의 결부라고 할 수 있다.

2000년에 D'Alessio와 Allen은 매체 편견의 세 가지 가능한 원인을 연구했다.[4]

---

4) D'Alessio, D; Allen, M(2000년 12월 1일). "Media bias in presidential elections: a meta-analysis".《Journal of Communication》. pp. 133-156.

첫 번째로는 보도 편향이다.

이것은 언론이 한 정당이나 이념에 대한 부정적인 뉴스만 보도하기로 선택하는 경우, 이것을 보도 편향이라고 칭한다.

그와 비슷하지만 반대로 옹호의 성격을 가진 편향을 게이트키핑 편향이라고 칭한다(선택성 편향 또는 선택 편향이라고도 한다).

대중에게 기만을 위한 정보의 스토리가 선택되거나 반대로 선택이 해제될 때, 때로는 이념적 근거를 다루며 벌어진다.

초점이 정치적 행위자와 그들이 선호하는 정책 문제에 따라 다루어지는지 여부에 따라 명칭을 의제 편향이라고도 한다.

또 다른 한 가지의 편향은 진술 편향이다(조성의 편향 또는 표현 편향이라고도 한다).

매체 보도가 특정 행위자나, 또는 문제에 대해 편파적인 의중이나 보도하는 중립성에 있어 그것이 기울어진 경우를 진술 편향이라고 칭하게 되는데, 이러한 언론의 권태는 이렇게 세 가지로 나누어진다.

그러하여도, 정보들을 다루는 언론은 정보 제공의 매체들 중 가장 크고, 영향력과 공신력 있는 자료들과 정보들을 발표하는 기관이라 할 수 있다.

그들은 지식인들의 계층에 해당된다고 할 수 있으며, 불운하게도 그들 또한 작금의 사회에서 권태에서 자유롭지 않다.

개안의 의무가 있는 지식인들의 권태인 것이다.

하지만 다시 한번 강조하는 의미에서, 모든 사회의 권태는 대중인민의 가진 권한만큼의 책임이다.

다시 본론으로 돌아와서, 거의 모든 신문과 TV 방송국들은, 그 모체가 되는 자료를 뉴스 기관에 의존하며, 전 하바스 기관, 어시스티드 프레스, 로

이터와 같은 전 세계 4대 뉴스 기관은 관용적으로 말해 "산발적인 보도" 대신 모든 구독자에게 동일한 객관적인 뉴스를 제공하는 것이 그들의 철학적인 기반이다.

다시 말해, 보수적이거나 진보적인 신문을 위한 별도의 뉴스 피드는 제공하지 않으며, 이러한 개념을 기자 조나단 펜비[5]가 설명하였다.

"이러한 기업들이 널리 인정받을 수 있는 것은, 공공연한 편향을 피하고 검증 가능한 올바른 정보를 제공하기 때문이다.

이들은 정보를 보도할 때 책임 수준을 낮추어 발언자, 언론 혹은 다른 출처로 소개한다. 그리고 판단을 내리지 않으며, 의심과 모호함을 피한다.

객관성은 그들의 기업의 철학적 기반이다. 그리고 이를 달성하지 못하면, 널리 인정받는 중립성을 추구한다."

이토록 언론이 제공하는 정보들은, 우리가 상황에 대한 인지성과 더불어 그러한 정보들에 대하여 사유할 수 있는 발판을 마련해 준다.

또한 방금 언급한 이들 기업들은, 단순히 정보를 제공함으로 이익만을 추구하는 것이 아닌 그 정보에 대한 막중함을 알기에 중립성과 사실만을 전달하여 그 공신력을 인정받았다.

하지만 언론들은 절대 중립적이지 않다.

이들은 사실로 소동을 만들어 내어 대중들의 시선을 제공하는 정보에 쏠게 하는데, 그러한 과정에서 특정한 정치적인 기조나, 중립적이지 못한 내용, 사실과는 다른 내용으로 더 큰 소동을 만들어 낼 수 있으면 당연히 그리할 것이다.

---

5) 조나단 펜비 CBE는 영국의 분석가, 작가, 역사가 및 저널리스트이다.

그것이 바로 그들의 만들어진 이익이기 때문이다.

그렇기 때문에 정보들을 수용할 때, 우린 더욱 냉담해져야 한다.

그렇지 않으면 바로 전 단원의 인간들처럼, 권태를 옹호하다 못해 그것이 개안이라고 믿는 진실로 권태로운 자들만의 합리로 사회가 변혁될 것이다.

당신의 차이는 비판적인 태도의 주구와 합리적인 사유로 인한 판단의 유무이기에, 그러니 정보나 이론은 항상 대중들 모두에게 비판적으로 사유되어질 문제이다.

그러한 진실에 대한 우리의 추종과 사회 계층으로서 가진 의무로, 아무리 대단한 지식인의 합리로 만들어진 이론도 실패하며, 뛰어난 능력의 엘리트의 지도도 실패하기 마련이다. 하지만 언제나 그러한 실패의 가장 큰 책임자는 바로 대중들 그 자신들이기 때문이다.

그렇기 때문에 우리는 우리의 사회를 위한 의무로 비판적인 주구와 테제로 인식해야 하는 것이다.

우리의 바라는 것이 보여 주는 이상향이 아니라, 작금의 우리가 가진 합리적인 태도로, 본인의 권태와 감정은 배제한 채로 말이다.

그러한 태도의 유무로 언론의 권태가 실현되는지, 실현되지 않는지가 나타난다.

각국의 언론의 정확성과 중립성의 지표는 그 국민들의 수준으로 나타난다고 할 수 있다.

그들이 진신을 원하고 합리적으로 중립성과 객관성의 지표를 띄며, 다른 의도가 섞인 정보들로부터 비판적인 사유를 갖추면 그들은 당연히 대중이 원하는 정보를 제공하기에 사실만을 제공할 것이다.

언론은 우리가 원하는 바와 같이 언제나 정직하게 진실만을 보도하는 주체가 아닌, 우리가 원하는 것을 제공하는 곳이 바로 언론이다.

그리고 이 정보를 제공하는 이들은 그들의 의무를 대중의 지지 없이는 실현하지 못한다.

지식인들의 의무는 원체 대중의 지지와 결정이 있어야만 실현되는, 아직은 관념에 속해 있는 이론의 것에 머물기 때문이며, 항상 그러한 이론을 시행하는 주체는 대중이기에, 그들은 정보 제공에 있어 대중의 입맛에 맞는 정보를 제공하기 때문이다.

그들이 실현해야 할 그들의 의무는 이러한 대중의 개안이 존재할 때, 양립할 수 있는 것인데, 만일 그들을 지지해야 할 대중들, 국민들이 그들 스스로 진실을 원하지 않는다면, 그들 또한 진실을 제공하지 않는다.

그리고 대중들의 합리성이 사라지고 권태가 도래할 때, 그들의 권태 또한 실현되는 것이다.

그리고 그러한 권태는 보통 사회 내부의 그들만의 사회를 위한, 아니면 우리의 사회를 긍정하는 정보들의 수용과 같은 집단주의의 도래로 이루어진다.

대중의 일치를 방해하거나, 비합리적인 대중의 일치로 나타나는 것들 말이다.

물론 후자의 경우, 필자는 대중의 일치를 강조하지만, 그러한 대중의 일치는 반드시 합리적으로 이루어져야 한다는 것을 천명한다.

목적과 합리성이 존재하지 않는 대중의 일치가 사회를 무너뜨리는 방법 중 최악이라 할 수 있다.

그러한 일치는, 진정한 의무로서 벌어진 개안이 아닌, 비합리성이 불러일으키는 권태로 이루어져 시작된 부정한 것이기 때문이다.

이에 대한 설명은 다음 장들에서 자세히 설명하겠다.

그리고 마찬가지로 대중의 권태로 그들이 진실을 전달하고 제공하지 않음으로 시작된 권태는, 다시 한번 대중의 권태를 성장시키는 이른 바 '권태의 순환성장'을 이룬다.

이는 우리가 흔히 말하는 언론의 부패와 부정으로 이어지며, 이러한 권태는 엘리트-지도계층에 의하여 권태의 확장을 통한 이익 실현의 목소리가 된다.

대중의 불일치는 본인이 속한 집단이나 정보에 대한 진실을 거부하며, 비합리적인 판단과 결정을 내리게 만드는 사고를 만들어 낸다.

예를 들어, 우리 국가에 등장한 비리를 다른 국가와 연관된 비리인 것이 탄로나 비판받을 주구에 놓일 때, 그것을 국가적인 소속감과 우리 사회에 대한 고양감을 통해 부정하는 경우와 같다.

지금 우크라이나에서 벌어지는 전쟁의 판세가 그들의 이익에 따라, 대중들과 우리 사회가 원하는 외부적인 상황과 요인만을 확대하고, 그것으로 정확한 상황을 보도하지 않고 있는 것으로도 설명된다.

그들에 의하면 전쟁의 상황은 판이하게 뒤바뀌고 있다.

영웅들의 숭고한 희생으로 버텨 내는 우크라이나의 선전과 그들을 침략한 러시아군의 압도적인 군사력을 가십거리 삼은 선전들이 난무한 것을 보면 알 수 있다.

이는 대중들의 이목을 끌어 그들의 이익을 추구하기 위해 진실을 전달하지 않는 권태이며 또한 대중들의 권태이다.

당연하게도, 이러한 태도의 견지는 진정한 문제의 해결을 위한 태도가 아니며, 사회의 발전을 위한 방법으로 제대로 사유될 가치조차 존재하지 않는다.

다른 권태들과 마찬가지로 이러한 언론 부패로 이루어지는 권태는 우리 사회의 이론인 민주주의를 위협한다.

언론이 부패하면 논의의 실현을 위한 공론장이 오염되고, 진실이라는 정확한 정보의 인식으로 발생하는 통일된 정의관의 확립은 사라지고 분열을 야기하게 되어 가며, 대중을 위한 민주주의는 다수의 독재, 혹은 강자의 지배를 위한 수단으로 전락한다.

보통의 경우, 언론 자유 확대는 부패를 감소시킨다(물론 지금과 같이 권태에 빠진 경우도 더러 존재한다).

민주정은 항상 그 사회의 주인인 대중을 위한 수단이다.

이는 다수 대중의 의결에 따라서 사회의 모습을 변모 시키거나 개혁되게 하는, 심지어는 완전히 변혁시킬 수 있는 권리의 실현을 위한 이론이다.

그러한 이론의 존립은 대중에게 너무나도 중요하단 사실은 우리에게 자명하다.

하지만 무엇이 그것을 위협하는가?

바로 이전에 설명한 대중들 스스로의 권태이다.

이것은 결과론적으로 사회 계층의 모든 권태는 물론 그 사회의 주인인 대중인민의 것이지만, 이는 직접적인 원인 또한 대중의 권태로 인해 발생하는 대중의 것임을 의미한다.

이는 또한 소수 언론사가 시장을 과점하는 우리 언론시장 구조와 연관이 있다.

미국의 경우, 한 두어 개의 언론사를 포획한다 해도 다른 언론사의 입을 막을 수 없다.

언론사 간의 비판도 마찬가지로 활발하다.

반면 우리 사회는 그들의 이익 추구에서 비롯된 권태로 인하여 만들어진 우리의 권태로 하여 그 의무를 다하지 않고 있다.

또 하나의 원인으로는, 변화하는 언론 시장 환경을 들 수 있는데, 이제 요즘 시대의 언론사는 단순히 구독료와 광고만으로 만들어진 수익만으로는 생존하기 어렵다.

작금의 상황에서 대개의 언론사들은 행사 협찬 명목으로 돈을 받거나 기획보도라는 명분 아래 기사 게재에 대가를 받는 새로운 수익모델을 만들어 왔다.

이런 수익모델에서 자유롭지 못한 언론사는 그들의 생존을 위해서는 부패에 침묵한다.

소수 언론이 시장을 장악하고 기사 거래가 관행화되면, 대형 언론사에 접근하여 언론 상품 생산 과정에 개입하고 돈을 받는 언론 로비스트가 생겨난다.

이는 특히나 우리 사회에서는 대형 언론사들끼리의 유착이 쉬워 그들끼리 새로운 권태를 만들어 내게 한다.

이는 대중의 권태로 인한 권태의 순환에서 엘리트들과의 또 다른 권태로 이어지는 것이다.

언론사 또한 대중들에게 그러한 정보들을 알리고 수익과 이익을 만드는 것이 목적인 하나의 이익집단이기에 그렇다.

물론 그들이 이익이 아닌 대중을 향한 진실의 의무가 있다는 것 또한 옳다.

하지만 대중이 진실을 거부할 때, 그들의 선택지는 다른 방법으로 이루어지리라.

그들이 이익을 진실로 추구하여 만들어 내지 못하는 경우, 진실과 대중이 원하는 만들어진 사실 둘 중에서, 그들은 의무를 다하지 못한다.

진실을 원하는 대중이 존재하지 않으면 그들은 존재할 수 없는 것이다.

그렇기에 더욱 우리는 비판적으로 사고해야 한다.

집단주의에서 비롯된 진영논리나, 징고이즘으로 비롯된 극단적인 애국심이나 민족성으로 인한 상황의 정확한 사실을 짚어 내지 못하는 경우들을 지양해야 한다.

이들은 필연적으로 비합리성을 가져오기 쉽기 때문이다.

또한 권태의 주된 이론인 이들에 대해서도 따로 후술하겠다.

그리고 그러한 정보들이나 본인만의 이론에 빠져 나타나는 비합리적인 적대는 대중의 일치에 치명적이다.

지금까지 설명한 내용들은 사회의 권태들로, 이러한 권태들은 대다수가 대중의 사회에서 절대적인 결정권을 쥔 다수의 대중을 권태롭게 하는 종류이자 내용이었다.

하지만 명심하라, 이것은 우리들의 권태에서 비롯된 또 다른 계층의 권태이자 우리들의 책임임을 말이다.

우리는 더 이상 다른 누구의 탓도 할 수 없을 것이고, 우리 모두의 책임이자 잘못임을 알게 될 것이다.

당신은 누군가가 당신의 물건을 망가뜨리는데, 그것을 방관만 했다고 그 책임이 없어지는 것은 아니다.

사회는 그것을 처리해 줄 경찰도, 신도, 구원자도, 영웅도 아닌, 그 무엇도 아닌 대중들의 뜻으로만 변혁될 수 있다.

그리하여 대중의 일치를 이루지 못하게 하거나, 그러한 일치의 권태로 이익을 취하는 것이다.

언론은 대중이 원하는 것을 보여 주는 우리의 거울이다.

대중이 진실을 원하면 진실을 제공하고, 대중이 보고 싶은 것만을 원하면 그들의 의무로서도 원하는 정보를 만들어 내어서나, 꾸며 내어 제공한다.

그러니 대중들은 항시 정보에 대하여 비판적인 태도로, 객관성과 중립성을 갖춘 진실만을 원해야만 한다.

그들이 항상 진실만을 말할 수 있게, 우리 사회의 의무를 다하게 말이다.

그리하면 권태는 개안되고, 합리성은 도래할 것이다.

5.

이성이 없으면 인간이 아니고, 이상이 없으면 사람이 아니다

1) 이성과 이상의 사회

우리들은 일상에서 모순적인 태도로 문제들을 사유하며 사고할 때가 많다. 다름이 아니라, 우리 주변에서 쉽게 볼 수 있는 주제들과 토의되는 주제들이다.

서울의 집값은 과도하게 올랐지만, 본인의 주택은 값이 오르기를 바라며, 대한민국의 과도한 학벌주의를 비판하던 사람이, 본인의 자식이 명문대에 입학한 것을 자랑스레 말하거나, 기업들의 암묵적인 서열화를 욕하던 이들이 취업시장에서는 정작 그들의 일부를 지향하는 듯이 말이다.

확실한 것은, 이것들은 우리들이 지향하는 바가 현실의 문제들에 가로막혀 이루어지지 않았으매, 현실의 물질적인 이익을 포기하고 싶지도 않을뿐더러 우리들이 바라는 '사회정의'를 향한 열망을 포기하고 싶지도 않아 하기 때문이다.

인간이란 이 얼마나 욕심 많은 종족이던가?

그렇다만 이러한 문제들로 하여 그들을 비난할 의도는 전혀 없다.

나 또한 이러한 문제에서 자유로울 수는 없으니까 말이다.

과연 누가 어떤 이의 물질적인 성공을 향한 열망을 비웃을 수 있겠는가?

이는 너무나 자연스러운 일이며, 우리 인간이라는 종의 천부적인 재능이자 사회적인 동물로서의 진화의 종점이다.

그것은 다른 이들과의 비교로 이루어지며, 그러한 비교를 통해 자신의 처지와 생존에 관한 열망을 자연스레 깨우치게 됨을 우리는 알고 있기에, 그러한 모든 자연적인 감정들을 우리가 부정할 수는 없다.

사람들의 믿음과 신용, 이상은 각자 그들이 처해 있는 상황에 따라서 달라지기 때문이다.

그뿐만이 아닌 지향하는 삶의 방식, 성격, 사회 이념의 차이, 성장의 환경 등에 따라 마찬가지로 달라질 수 있다.

우리는 원체 다 다른 인간이며, 그것을 하나로 통합하기에도 원체 어려운 법이니까 말이다.

하지만 공통적으로 우린 한 가지의 공통점이 존재한다.

바로 '정의'의 실현이다.

물론 그러한 정의의 의미가 모두에게 다르겠지만 말이다.

우리는 우리가 추구하는 정의와 개인의 합리적인 선택 사이에서 우리는 결정해야 할 때가 존재한다.

그런 상황에서 우리는 부당한 사회의 달콤한 제공을 '현실적인 사유'라고 칭하며 타협을 하지만, 스스로가 그것이 옳지 않음을 알고 있기에 모순적인 태도를 견지하는 것이다.

언제나 매 순간 우리는 선택을 내린다.

다만 그것이 정의로운 선택인지, 그저 개인에게만 합리적인 선택인지에 대한 판단은, 본인이 하는 것이며, 심지어는 그러한 판단이 정의롭다며 본인에게 거짓말을 하며 살아가거나 그리 믿게 될 수도 있다.

하지만 우린 전 장에서의 그러한 악순환을 가지게 될 것을 원하지 않는다.

참으로 이것은 가려내기 어려운 문제이다.

하지만 우리가 '합리적인 선택'을 옹호하는 수단으로 택한 정의와 명분으로 믿기만 하는, 진정으로 정의롭지 않은 선택들이 아닌 진정으로 정의의 그러한 의미를 대중들이 한 가지로 가지게 된다면, 일심의 대중인민이 원하는 바를 이루지 못하게 할 수 있는 것은 결코 존재치 않는다.

이러한 사실을 부정하는 이는 존재할 수 없다.

진정으로 부정하며 권력의 신수설을 주장하며 존재하던 이들은 18세기 프랑스 대혁명 시기에 모조리 그 파국을 보았으니까.

(물론 우리들은 그 이후의 파국에 집중을 기해야 할 것이다.)

아니면 그러한 존재들의 사소한 변화로서, 소수의 형태로 살아남은 파생형이라든가.

부정하고 싶어 하며, 혐오감을 내비치는 사악하고 똑똑한 기만자들은 제대로 우리 사회에 아직까지 존재하지만 말이다.

오히려 그들이 가장 잘 알고 있기에, 가장 경계하며 분열을 조장하는 것이니까 더 이상 이것에 대해서는 설명할 필요조차도 없다.

그런 의미에서, 본인은 인간들을 믿으며, 인간성을 지향한다.

물론 정의를 추구하는 이들이 항상 지혜로운 것은 아니며, 본인만의 이익을 정의로 표방하는 이들이 항상 어리석은 것은 아니며, 그것을 진정히 정의라고 인식할 수도 있다만, 그럼에도 우린 항상 정의로울 것이다.

아니, 정확히 말하자면 항상 우리는 정의로움을 지향할 것이다.

이는 당연하게도, 자연스러운 감정에 짐승처럼 빠져들어서 자기 통제가 이루어지지 않는 것은 크나큰 문제이다.

다만 합리적인 사유로 보아 이익을 볼 수 있는 상황에서 사회의 정의관에 반하는 이익의 경우를 포기해야만 하는 경우가 존재한다.

대중인민의 의무로서, 행해야만 하는 상황이 존재하는 것이다.

작금의 이러한 사회의 이익과 열망 실현의 사이에서 양자택일의 거래를 조성한 이들은 부도덕한 권태의 엘리트들이며, 이러한 상황을 타계할 방법은 이것이 유일하기 때문이다.

만일 우리가 이러한 선택의 사이에서 느끼는 감정이 아예 존재하지 않거나 당신에게 고민되는 고양심과 모순적인 정당성을 가져다주지 않는다면, 진심으로 그러한 믿음에 빠져 권태로운 인간으로서 그렇지 않는다면, 우리가 느끼는 이러한 모순적인 감정들을 느끼지도 못할뿐더러, 스스로에게 느끼는 고양감과 동시에 밀려오는 혐오감을 머릿속 어딘가로 던져둔 채로, 모순되는 발언을 하지도 않고 그것을 표현하지도 않고 살 것이지만, 대부분의 정의로운 우리의 대중들은 그리 살지는 못할 테니까(가끔 가다가 오직 개인의 성공만을 지향하는 빌어먹을 에고이즘에 빠진 인간들도 더러 존재하지만 말이다).

천편일률적으로 나타나는 경쟁적인 삶의 방식으로 인하여 우리들은 항상 우리의 능력을 입증하여 다른 이들과의 경쟁을 도모하는 사회에 살아가며, 실패한 이들의 수많은 개인적인 연유들을 우리는 무시하고 살아간다.

편의점에서 술을 마시는 어느 연로한 근로자의 발언을 진지하게 들어줄 리는 없다.

그의 심신미약적인 상태만을 가지고 그리 판단하는 순수한 이는 드물 것이다.

그의 발언이 사실이든 아니든, 그가 합리적으로 옳은 판단을 그리 잘 내린다면 그러한 상황에 처해 있지 않을 것이라는 우리의 지레짐작 때문임이리라.

하지만 그의 말이 옳을지, 옳지 않을지는 깊게 생각을 해 본적이 없을 것이다.

우리의 이성은 그의 말을 들을 가치를 찾아내는 것이기 때문에, 그의 말을 들어줄 가치를 찾지 못했기 때문이며, 그렇다면 그의 발언이 사실일 가능성과 옳을 가능성을 우리는 자연스레 결부시킨다.

우리 사회에서의 이성과 합리는 과연 진정으로 합리적인 사고력을 결부시키기 때문이다.

물론 그와 반대의 경우도 마찬가지다.

우리의 사회는 이상적인 소리를 하는 이들을 낙망분자나 헛소리를 하게 하거나 비현실적이라는 소릴 듣게 만든다.

이는 사회의 변혁을 필시 두려워하는 이들의 수단이자, 그것에 익숙해져 경쟁하는 우리들에게도 익숙한 일들이다.

그렇다면 사회의 변혁을 두려워하는 이유가 무엇인가?

현상의 사회에서 이익을 얻는 자들, 작금의 사회가 정의롭다고 믿는 이들일 것이다.

아님 그 두 가지에 다른 경우로 해당되거나 할 것이다.

헌데, 대부분의 사람들이 불행하다고 느끼는 상황에서도 변혁은 쉽게 이루어지지 않는다.

대중인민들 스스로들을 분열시켜 각기 다른 정의론을 따르게 하거나, 방법론의 차이로 우리들 스스로를 우리에게 고립시키기 때문이다.

그리하여 개혁을 주장하는 이들이 사실은 허울만을 보이며 그들 스스로의 이권을 위한 행동을 취하고, 사회 변혁의 때는 분열로서 미뤄 가는 방법을 아주 잘 안다.

그리고 그러한 방법들과 명분들을 '현실적인 이유'라고 칭한다.

이는 흔히 사회의 방향을 결정짓는 엘리트들에 의하여 비추어지는 권태이자 기만이고, 그러한 기만들은 이론으로 하여금 지식인들의 권태로서 대중들에게 설법된다.

이러한 상황이 지속되어 가며 사회는 정체되고, 대중들은 고통에 신음한다.

자신 스스로 재생산되며 지속되는 고통은 무언가를 창조하여 바꿀 수 있는 이들이 서로를 불신하고, 혐오하며 싸우게 만든다.

그러다 보면 환멸에 취한 이들의 '현실적 기조'가 나타나게 되며 불합리한 일들의 개혁이 아닌 불합리한 사회에서의 본인만의 성공을 바라게 된다.

그러는 이들의 중간점에 서 있는 사람들이 대다수의 우리들이기 때문이다.

그러다가 자신 스스로의 목적을 이룬 소수의 대중들의 사례들을 들어 가며, 그러지 못한 이들에게 그들 스스로의 필연적인 노력의 부재로 인한 당연한 결과라고 설명하며 그 사회 정체의 책임을 돌린다.

물론 이뤄 낸 이는 스스로에 대한 고양심에 그 말의 가장 열렬한 옹호자이자 반대파들의 가장 무자비한 교조주의자가 될 것이며, 이는 사회에서의 소수의 사례가 엘리트들을 향한 변화를 이뤄 내는 것이 아닌, 그들과 하나가 되어 가기에, 지식인이 더 이상 등장하지 않게 된다.

옳은 말을 하는 이들의 '합리적인' 보증은 우리들 스스로가 아닌 엘리트들의 의식에서 보장된다.

이 사회의 경쟁은, 과연 불합리하지만 가장 무너뜨리기 힘든 그들만의 아름다운 우리이다.

우리는 우리에게 서로 묶여 있을 따름이다.

이러한 우리를 무너뜨리기 위해서는 우리가 손익을 따져 보아, 그것이 제공하는 물질적인 이익에 우리의 의무를 팔아넘기는 행동을 그만두어야 함을 인지하고 사유하지만, 이러한 사회 계층의 권리 실현은 우리 사회에서 아직은 거리가 존재하는 이야기이다.

우리들 중 그 누가 경쟁 사회에서 의무의 실현을 위해 물리적인 이익을 포기하겠는가.

그렇지만, 우리가 진정으로 전에 설명한 '앎'에 가까워지고 일원적인 질서를 확립하며 대중의 일치를 이루어 낸다면, 이러한 변혁이 불가능한 것은 아니다.

더욱이 좀 이후에 후술할 막을 수 없는 시간의 흐름을 통한 기술적인 진화들의 통제를 위한 새로운 이론의 등장 시기가 이것들을 크게 부추길 것이고, 대중들이 본인의 권리행사를 위하여 그리할 수밖에 없는 상황이 다가오기 때문이다.

이는 이 책의 3단원인 변혁의 사회, 8장에서 설명하겠다.

그러한 상황은 각기 계층의 물질적인 삶의 수준과, 의무 행사에 큰 영향을 끼칠 것이다.

그리고 그때가 오게 된다면, 사람들의 동일한 상황이 동일한 일원적인 가치관의 정의관을 세우리라.

그것을 질서로서 합리적인 통제를 가한다면, 지금으로써 불가능해 보이는 우리의 단일된 이상 실현이 불가능한 이야기만은 아닐 것이다.

하지만 애석하게도, 이러한 상황의 실현과 정치적인 기조는 굳이 우리의 변혁만이 아니더라도 곧 끝이 날 것이다.

너무 뒤늦게 그것을 받아들이거나, 우리의 권태로 인하여 스스로가 분열만을 반복하며 변화하지 않는다면, 우리 계층들은 모두 종말로서 그 끝을 맞게 되리라.

개안으로 시작한 변혁으로 끝이 날지, 각 계층과 계약으로 시작된 천부인권 사회 구조의 종말로서 끝이 날지는 그대들의 정의로운 일원의 정의관의 존재 유무에서 시작되리라.

개인적인 욕망을 본능으로 읽어 내어 합리성을 띠는 것, 사회 정의의 실현을 위한 공리적인 이상을 합리적으로 받아들이는 것, 둘 다 이성으로 견뎌 내고 이상으로 실현해야 하는 우리의 열쇠이다.

다만, 경쟁이란 것이 언제나 불완전한 것이 아니다.

경쟁은 자신의 전문적인 분야를 찾게 해 주고, 중요한 일에 뛰어난 이를 쓸 수 있는 합리성을 띤 체제이다.

개개인의 물질에 대한 욕망이 경쟁의 근본적인 원인이므로 그것을 제거하는 것은 삶의 변화를 극적으로 가져올 수 있다.

다만 모두가 수도승이 될 수도 없고, 그러한 욕망에 대한 거세를 권장하는 것 또한 건강한 사회의 모습은 아니다.

그러나 예외 없는 이론과 법칙이 없듯이, 그러한 이론에 허점을 파고들어 경쟁의 성립 자체를 특정한 이들만의 전략적인 발판으로 만들어 가는 이들이 존재하기에, 불합리성의 도구로 쓰이고 있을 뿐이다.

그것은 모든 이론들이 아무리 완벽해도, 실현하는 것은 언제나 권태에 빠지기 쉬운 인간들이기 때문이다.

이론 스스로의 그러한 상황 조성에 대한 제약의 유무 또한 중요한 존재이지만, 가장 중요한 것은 사회 계층의 대표인 대중인민들의 의무행사와 권리를 지켜 나가 그 역할을 다하는 것이 가장 중요할 것이다.

결정권자의 권리 행사는 감시로서 사용되기 때문이다.

그들 소수의 자유가 우리들 다수의 질서와 권리를 기망한다.

그들 스스로의 선택들과 명분들이, 자유라는 미명 아래서 부정적인 방법을 아무렇지 않게 행하여 이익을 취하고 있다.

당신은 태어나 지금까지 무언가를 이루기 위해 노력해 본 적이 수없이 많을 것이다.

그 과정에서 다른 이들과 경쟁하며 실패한 적도, 성공한 적도 있을 것이다.

다만 그러한 경쟁이 우리에게 공평하지 않다는 사실 또한 암묵적으로 알고 있을 것이다.

이에 있어 경쟁으로 얻어지는 이익보다 경쟁에 의해 생기는 사회적 비용이 더 커지는 경우가 생긴다.

이를 두고 경쟁이 과열된다고도 표현한다.

구태여 우리가 경쟁을 강조하지 않아도, 현대 사회는 기본적으로 사회적 희소가치가 한정되어 있고 서로 그것을 차지하려고 이미 경쟁이 벌어지는 와중인데, 여기서 경쟁이 더 심해진다면 경쟁이 불필요하거나 오히려 협력이 중시되는 사회 부문에서도 냉혹한 경쟁 내지는 경쟁 구도 자체를 파괴하는 논리가 득세하게 된다.

이런 사회는 우리가 겉보기에는 강해 보이지만, 정작 협력이 필요할 때는 구성원의 힘을 모으지 못해 내부로부터의 분열이 일어나 외부 경쟁 집단과의 경쟁에서 오히려 도태되는 역설을 보여 주는 경우가 많다.

필요에만 따라서 지원되어야 할 지원들과 수많은 경제적인 요소들, 기만으로 받아 가는 혜택들과 사교육에 치중된 결과들의 모임으로 만들어진 특권 의식에 찌든 이들이, 공정해야 할 경쟁에서의 물질적인 요소들과 부정한 방법으로 우위를 점하려고 한다.

물론 경쟁에서 성공한 이들이 모두 부정한 방법으로 쟁취한 것은 아니지만, 그렇게 개인이 염원하던 성공을 이룬 그들은 부정한 이들의 명분이 되어 본인 스스로의 위신과 노력의 합리적인 대가임을 주장하기 위하여 부정한 이들이 내세우는 명분에 정당성과 합리성을 부여하는 역할을 맡는다.

물론 그렇게 만들어진 역할극에서 그들 스스로도 그것에 만족할 것이다. 쟁취한 것을 내려놓고 진정으로 정의로운 일을 행하기보다는 엘리트로의 확실한 계층의 변화를 바라며 정당화를 통한 정의로 자신을 속여 믿게 하고 있기 때문이다.

이는 그리고 성공을 염원하는 다른 이들이 가진 노력의 가치를 폄하하는 역할을 맡으며, 또한 그러한 경쟁의 과열을 통한 대중의 불일치로 본인들의 이권을 불려 가며 정당화하는 수단으로까지 이용한다.

참으로 우리를 기만하는 이들은 교묘하며 똑똑하기 그지없으니, 그러한 이들을 상대하는 우리 또한 멍청하게 굴지 말아야 할 것이다.

선과 악의 구분은 단지 본인의 믿음이니, 본인을 언제나 늘, 항상 의심하라. 전에 말했듯이, 선이 항상 지혜로운 것도, 악이 늘 멍청한 것도 아니지만, 그럼에도 불구하고 우리는 항상 선하도록 노력해야 할 것이다.

물론, 선악의 구분이 아닌 '현실적인' 측면에서는 똑똑한 이야기를 듣고, 사유하며 행동하는 것 또한 우리 개인의 삶에 있어서 선악의 구분과 별개로 무척이나 중요하다.

참으로 이러한 것이 교묘한 것이, 개인적인 삶의 물질적인 풍요가 사회적으로 부도덕함에 일조하여 부추기는, 보증인을 늘려 갈 수밖에 없는 형태로 나타나기 때문이다.

참으로 아이러니하다.

하지만 작금의 이러한 아이러니한 상황의 종말이 곧 다가온다.

바로 더 이상 우리에게 '현실적인 이유'를 도피의 아편으로서 던져 줄 수 없는, 대중들의 개인의 성취와 본인의 이익 사이에서 그들 또한 선택해야 할 때가 오기 때문이다.

그리고 그 욕심 많고, 수없이 많은 물질의 풍요로 경쟁하는 이들은 언제 그랬냐는 듯 서로에게 또 지지 않으려 각자의 지지자들에게 앞다투어 그럴듯한 명분과 정당화로 개인의 이익을 도모할 것이다.

본인들의 아름다운 우리에 갇혀 있는 우리에게 던져 줄 선택의 먹이마저 동떨어져 나가는 채로 말이다.

2) 현실과 열망, 그 감정들

이번의 단원은 우리가 방금 알아본 내용들에 있어서 모순적인 감정들에 대한 설명을 들어 보았으니, 그 감정으로 시작된 가정으로 인해 이루어지는 '선결문제에 오류에 대한 대처'를 가볍게 알아보겠다.

이번 장에서의 주제는 작금 사회의 주류 이론들의 한계점과 그 저의를 밝혀 예견과 우리의 행동의무에 관한 이야기를 하였지만, 이번에는 그러한 우리의 현실 사회적인 문제에 대한 이야기가 아닌 우리들 개인이 가져야 할 수용적인 태도에 관한 문제이다.

이것은 전에 설명한 정보들의 수용과 어느 정도의 연관이 있는데, 정보들의 수용 태도에 관한 이야기의 결론이 검증되지 않은, 특정한 목적을 가지고 이익을 추구하는, 더 크게는 우리의 이론 수용에까지 영향을 줄 수 있기에 정보 수용에 비판적인 태도의 함양을 명심하는 것을 당부하는 것으로 끝났었다.

이번의 것은 그와 반대로, 우리들의 착각으로 인해 정의와 불의를 가려내지 못하는 경우를 다룬다.

논증학적인 이야기지만, 설법하는 이의 진정한 저의를 눈치채기 위해서는 우리가 무의식적으로 한 가정들과, 설법하는 이의 모순적인 발언들, 그리고 이론으로 그의 진정성을 평가하려는 태도를 고쳐야만 한다.

그리고 이러한 논증들은 변증적인 분별력을 갖추게 하여 설법하는 이들의 진정성을 구별해 내고, 이론들의 허점을 파악하고, 스스로가 어떠한 감정적인 충동으로 인하여 부작위적으로 행동하진 않았는가, 그것이 아니라면 최소한 그러한 이론을 주장함으로써 진정히 그가 얻으려는 것이 무엇인지 알 수 있을 것이다.

만일 그러한다면 연역적인 태도로 그의 저의가 무엇인지도 알 수 있을 것이다.

"국민들이 중요한 것이 아니라, 그들이 무엇을 믿는지가 중요한 것이다."

이러한 루마니아의 이온 안토네스쿠[6]의 발언처럼, 대부분의 '스스로가 정

---

6)   이온 빅토르 안토네스쿠(루마니아어: Ion Victor Antonescu, 1882년 6월 15일~1946년 6

의로움을 자처하며' 지도하고 설법하는 이들은 자신들의 정의관이 실제로 옳다고 믿으며 주장하는 이들이기에, 본인들의 그것은 깊은 우물과도 같이 파 왔지만, 다른 이들이 대하는 본인 우물에 대한 문제제기나 지적은, 스스로 결여된 채로 홍보하는 것과 같은데, 이러한 비유를 풀어 말해 보자면, 국민들이 진짜 유용한지, 유용하지 않은지는, 본인의 이론이 맞기에 유용함이 이뤄질 수밖에 없다는 오류를 범하고, 그들이 가진 이론이 알맞다고 생각하며 대중에게 설법한다(그러지 않는 돌연변이들의 역할들도 물론 존재한다).

그들 스스로 본인 이론의 부족한 점을 채워 나가긴 하여도, 이론을 부정하진 않으며, 진짜 문제는 그것을 따르지 않는 대중이라고 생각하기 마련이다.

하지만 이것은 진정으로 정의관을 제대로 가지고, 본인의 이론이 올바르다고 믿는, 부도덕적인 이 또한 아니고, 오히려 그 이론을 다루는 이들 중에서는 확고한 전문가일 것이다.

이러한 신념자는, 본인의 이론을 진정 정의롭다고 믿는 이기에 오히려 그리할 수 있는 것이다.

오히려 진정한 권태와 욕망의 노예들, 그들의 계층의 부정의 굴레를 유지하며 대변하는 이들은 언제나 본인들의 이익만을 대변할 사탕 발린 소리만을 지껄여 대며 확고한 신념 없이 대중들이 듣기 좋아할 말들만을 지껄인다.

그리고서는 본인들의 정당성과 당위성, 명분을 갖추어, 교묘하게 이익을 보며, 스스로에게 선동당하여 그 자신이 그것을 진지하게 믿는 경우도 부지기수이다.

어떤 경우에서든, 엘리트들은 우리를 위하는 이들이 아닌 우리를 이끌어 갈 이론들을 파는 상인이다.

대중들을 위하는 행동들과 이론에 대한 비판적인 요소들, 그리고 똑똑한 상인들에게서 변호인의 역할을 가진 이들은 돌연변이 엘리트들인 지식인들이다.

하지만 그 이론들의 주인인 엘리트들은 이론이 팔리면 그 대가가 무엇이던, 물질적인 것, 관념적인 것 상관없이 정당한 이익을 취할 수 있기에, 다만 스스로 진정히 도움이 된다고 생각하는 이론을 파는 이들과, 단순히 그 이론을 수단으로 어떠한 방법론이든 이익만을 도모하여 파는 상인들도 있을 뿐이다.

흔히들 대중들은 본인들의 대표인, 대중들을 이끄는 엘리트들이 진정으로 그들이 지지하는 이념이나 신념에 따라서 대중들을 위할 것이라는 가정하에 많은 결정들을 내리곤 한다.

하지만 엘리트들은 이론을 대표하여 사회의 이익을 도모하는 이들이며, 사회의 계층 구성원을 위한 판단을 도모하는 이들은 지식인들이라고 할 수 있다.

물론 결정권을 쥔 자는 언제나 대중인민들이며 말이다.

엘리트들, 그리고 지식인의 역할을 혼동하기에 우리는 흔히들 모순적으로 어떠한 문제에 직면하였을 때에 잘못된 가정으로 인한 판결의 오류를 범하는 것이다.

그리고 나선, 그러한 혼동으로 인한 결과가 감정적인 오류를 불러일으켜 결국 모순적인 답변을 내놓는 것이다.

하지만, 모순적인 누군가의 정의관이 모순적이라는 사실에 당신이 감정적인 동요를 일으킬 필요는 존재치 않는다.

당신이 그러한 오류를 저지르고 나서 얻을 것이라고는 모순적인 태도로 인한 주변 사람들의 의심 섞인 눈초리뿐일 것이다.

당신이 가진 정의관은 엘리트인 누군가의 주장이자, 지식인인 누군가의 반박이기에, 당신은 그저 편안하게 주장에도, 반박에도 설득하는 이들의 주장들에 스스로 옳고 그른 판단만을 내리며 그것을 수용하여 본인의 정의관을 받아들이면 되는 것이다.

진정 그리한 정의관을 수용하여 비판과 결정을 받아들이며, 그것을 수용하는 사회를 말하는 것이다.

이러한 태도는 물론 일반적인 사회상에서, 권태들의 자정 작용이 이뤄지는 상황에서 주로 권장되는 방법론들이다.

본인은 대중들의 절대적인 대다수가 일치된 정의관을 받아들인 그 이후의 행동과 선택들을 '해야만 하는 일'이라고 규정했었다.

그것이 사회계약론에 의거한 사회 주인의 의무이자, 작금 사회의 외부적인 문제인 기술과 시간의 흐름, 발전으로 인한 강제적인 것임도 포함하여 말이다.

물론 그것은 절대적인 진리라고 감히 참칭할 수 있겠다.

하지만 아직 실현되어질 때가 아니다.

때가 다가오니 그것을 위한 시간을 벌어 대중들이 합리적으로 판단을 내릴 시간을 가지는 것이 좋다.

행동은 우리의 투쟁이자, 작금의 사회에 대한 의무이자 동시에 필연이다. 하지만 사회가 그러한 행동의 방향으로 흘러가는 중이지, 아직 우리가 마주할 세계에 도달한 것은 아니다.

그러기에 우리의 모순적인 감정으로 인하여 합리적인 판단을 내리지 못하고 결정을 유보하며 '현실적인 이유'의 핑계만을 대는 일이 없게끔 말이다.

우리는 상황을 종결시킬 절대적인 결정권자로서, 의무를 진 주인으로서, 책임이 존재하는 구성원으로서, 대중들의 일치를 통하여 무너져 내려가는 사회의 버팀목이 되어 해야만 하는 일을 실현하는 이들로서 존재하여야만 한다.

분열을 야기하며 본인 스스로 그러한 모순적인 감정을 느끼게 들게 하는, 무엇이 진실인지 모르게 하는 이 혼란에 있어서 진정한 저의를 밝혀 내는 방법을 우리의 문제점에서부터 찾아가는 것이다.

이러한 문제들의 해결법은 그저 사실을 받아들이며 대중들이 상황을 제대로 인식하는 것으로 해결된다.

우리의 사회가 변혁의 때를 들어 올려야 할 때가 된다면, 그 관념으로 일치된 정의를 통한, 정당한 분노와 행동의 의무를 다 할 것이다.

만일 그러한 일들이, 물론 아니겠지만 어떠한 이유로든 벌어지지 않는다면, 그에 대한 대처로서도, 의무를 다하지 않은 벌어지지 않은 사회의 구성원으로서도 훌륭한 감정의 조절 방법, 그리고 후회의 방법론들 중 가장 합리적인 방법과 사회적인 인식일 것이다.

최소한 마지막에는 뒤늦게나마 권태에 저항하였으니 말이다.

우리는 정직하지 못한, 목적을 가진 정보로부터의 태도와, 우리의 정제되지 않은 가설, 모순적인 감정으로 인한 혼란에 어떻게 대처하는지를 배웠다.

이를 구분하여 서술한 연유는 다들 알다시피 문제의 최초 주체가 누구에게서, 무엇에게서 시작되었는지에 따른 변화임을 알 것이다.

정보 수용의 문제는 그것으로 이익을 보는 이들이 최초의 문제 소재지였으며, 선결문제의 오류는 우리들의 상황인지에 대한 문제로 시작되었기 때문이다.

이러한 해석은 이것을 동시에 같은 문제의 각기 다른 주체들의 문제를 하나의 입장으로만 해석하였다는 판단을 내릴 수 없게 할 것이다.

정보 수용의 문제를 야기한 주체들의 목적의식, 그리고 선결 오류를 야기하여 문제를 유발한 이들의 목적은 애초에 전혀 다른 것임을 설명해 두었기 때문이다.

그리하여서, 이러한 문제점의 최초 소재지에 대한 문제와 그 대처의 차이로 인하여 배열을 다르게 하였다.

이러한 설명들이 독자들에게 있어 그 둘이 가진 차이점의 구분을 이해하는 데에 도움이 되었으면 좋겠다.

물론 그리리라 믿겠다(똑똑한 독자들은 내 배열에 혼란스럽지 않을 것이라고 스스로 믿어 의심치 않는다).

하지만 차이점을 차이점이 아닌 좀 더 일원적인 생각과 방식으로 다르게 바라보는 시각을 가진 이들을 위한 설명을 남겨 두었다.

이 둘을 구분하는 것은 앞으로 설명할 내용들을 이해하는 데에 주체가 누구인지 구분하는 능력에 따라서 이해하는 난이도가 달라지기 때문이며, 전혀 다른 결론을 도출해 내는 오류의 시작을 미연에 방지하기 위함이다.

지금까지는 우리의 여정이 본질의 사회를 작금의 문제들과 비교하는 방식으로 서술하여서, 기본적인 사회 계층의 해석과 지식들을 갖추어, 대중이 나아가야 할 방향과, 이유, 때와 주체를 예견하는 것이 주된 내용이었다.

필자가 2장에서 서술할 내용들은, 작금의 사회의 문제들을 근거들로 삼아 우리가 주장하고 예견한 내용들의 과학적인 근거를 제공할 것이다.

그리고 이를 이해할 때, 만일 지금의 주장을 다르게 해석하거나 잘못 이해하였다면, 그 근거들을 기반으로 이러한 주장들을 되새길 때 문맥상 되짚어서는 이해하기 어려울 가능성이 크다.

그렇기 때문에 2장을 시작하기 전, 그에 관한 설명과 더불어서 주장의 확실한 이해를 돕기 위하여 서술한 내용이자 가장 헷갈릴 가능성이 큰, 다르게 생각하여 틀리게 될 잘못된 오류를 범하고 근거의 정립과 주장의 결합의 시점에서 오류를 일으킬 수 있을 여지를 정리해 둔 것이다.

다른 주장들에 있어 물론 독자들은 알겠지만, 서로에게 다르게 해석될 수 있는 여지를 남겨 틀린 경우에 이르게 될 수 있을, 후에 있어 근거와의 혼란을 야기한 주장의 배열은 저것이 유일하기 때문이다.

본질의 사회를 해석한 것은, 사실상 이 책의 절대적인 테제이자 관념이다. 그리하여 근거와의 연결점에서, 주장한 본질의 사회를 더 이상 다르게 해석될 여지를 남겨 둔 것은 이 배열에서 시작된 것을 제외하면 존재하지 않을 것이다.

수단의 사회

✦

우리들은 무엇으로 사유해야 하는가?

6.

우크라이나 전쟁과 민족주의의 위선

우리가 같이 사유하기 이전에, 문단의 목차에 대하여 짚고 넘어가야 할 것 같다.

필자 본인은 서적을 집필할 때, 현재 우리의 사회에 집중하여 서술하며, 이에 있어 객관적인 근거의 마련을 위한 수단으로 확실히 대중들에게 알려졌으며, 현재 진행형인 (물론, 집필했을 때의 시간을 기준으로 하여) 상황의 추이를 기고하였다.

이것으로 우리 사회에 필요한 변혁, 그리고 그러한 주장에 대한 근거를 마련하기 위한 수단이지, 다른 어떠한 문제들을 다루는 것은 아니다.

그리고 전쟁의 근본적인 원인을 떠나서, 직접적인 전쟁의 이유로는 그 개인의 이유가 무엇이든 (개인의 정치적인, 외교적인 이데올로기나, 또 다른 국가 문제의 해결을 위한 외부적인 단결을 유도하거나 등-) 현 러시아의 대통령인 블라디미르 푸틴 본인의 결단이 이유일 것이다.

우크라이나 전쟁으로 인한 정국의 분석은 이 책에서 제대로 다루지 않을 내용이지만, 그러한 전쟁이 대통령 푸틴, 그만에 의하여 이루어지는 것은 아니다.

소비에트 연방의 붕괴 이후 계속되어 자행된 나토의 동진과, 유럽 대부분의 국가들이 주장하는 이념들과는 모순된 다른 대륙에서 벌어지는 전쟁에 대한 또 다른 태도로 나타나는 유럽 국가들의 편협함이 바로 그것이다.

우크라이나를 지지하는 미국 민주당의 국제 정책적, 외교적인 기조의 실패로, 더 이상의 지원이 암울한 전황을 뒤엎을 수 없음이 점차 드러나고 있다.

또한 러시아를 향한 제재가 더 이상 전쟁의 지속을 막을 수 없음을 보여줌과 동시에, 오히려 경제적인 현황에서 나타난 영향이 그들 스스로에게 자승자박의 상황으로 나타난 것도 영향을 끼친다.

2년 전의 언론과 뉴스들은 우크라이나의 대반격과 통쾌한 복수를 외치지만 정작 이러한 보도와는 다르게 영토는 지금도 줄어들고 있다.

이전에 설명하였듯 우리에게 현재 이루어지는 기술의 진보는 우리에게 합리성을 강요한다.

이는 비단 우리의 권태만이 아닌, 정치적인 의도로 이루어지는 다른 국가들과 사회의 정치적인 기조나 그러한 기조에서 비롯된 의도에서 만들어진 내용임을 의미한다.

이 또한 일종의 문화지체라고 할 수 있으며, 발전해 나가는 정보화 시대의 수많은 기술과 부정확한 정보들이 가진 누군가의 의도로 인하여, 확대와 재생산을 반복하는 정보들을 위시하여 만들어지는 기술발전의 폐단을 합리성의 주구를 갖추어 천성적으로 아둔한 존재임이 필연인 인간 본성 자체의 부정과 기술 폐단을 방지할 방법에 적응하는 것, 그리고 이를 위한 토대적인 개안이 마찬가지로 필요하다.

물론 우리 사회에서 만들어지는 정보들이 아닌, 다른 사회에서 정치적인 기조로 이루어지는 모략은 그들에겐 권태도 아니고, 우리 사회에게도 정치적인 의미를 가지니 그것은 또 다르게 우리가 풀어 나가야 할 과제임이 분명하다.

하지만 우리 사회에서 만들어진 부정확하고 부정한 의도의 정보들은 전부 우리의 권태이다.

이는 전에 설명한 정권 유지를 위한 엘리트들의 권태와, 그러한 정권을 지지하여 이익을 도모하는 지식인들의 권태라고 할 수 있다.

물론 이러한 것들은 모두 결론적으로 그 사회 국민들의 권태이다.

본론으로 돌아와, 현재의 상황은 특히나 자유로운 성적 지향과 정치적 올바름, 미국식 민주주의의 확립, 이러한 이념들의 전파와 확보를 통한 국제적인 패권 유지 정책의 실패로 도드라지는데, 이는 그것을 위한 국력 자체의 한계에 봉착하였음이 그 원인으로, 국제적인 무대에서 미국이란 국가의 이념적인 패권을 유지하기에 점차 그 한계가 뚜렷해지고 있다.

또한 이러한 권태와 현재의 정치적인 기조에서 대한민국 또한 자유로울 수는 없다.

현재 정부는 이념적인 구분과, 외교적인 국가들의 구분으로 국방력의 확보와 정치적인 지지기반의 달성을 목표로 하여 그의 정책적인 기조를 펼치고 있다.

이는 전임 대통령의 정치적, 외교적인 실패로 인한 국민들의 실망스런 감정을 통하여 본인의 정치기반을 확고히 함과 동시에 당선 당시 본인이 가진 이념적인 토대에 신용을 주려는 행위이다.

하지만 현, 전임 대통령의 행적들을 모두 통틀어, 이는 비판받을 점도 아니며, 단지 국민들의 선택이었다고 할 수 있다.

역대 모든 대통령들의 공과 실은 모두 국민들의 것이다.

그렇기에 합리성을 사유하는 것이 중요하며, 결과적으로 그 방법론에 상관없이 정치적인 성공은 국민들에게 득실의 결과가 결정하는 것이다.

예시를 들어, 우크라이나 전쟁으로 인하여 시작된 우리의 지원이 재건 사업과 전후 안보 상황을 통하여 경제적인 이익과 국방 안보의 확립을 이뤄 내든, 러시아의 승리를 예상하여 그들과 협상을 이루어 협동 산업을 통해 경제적인 이익을 도모하여 이뤄 내든, 이념과 그 이론은 그저 사회의 유지와 부강함을 위한 도구이지 그것이 중요한 것은 아니다.

정치에 올바름이란 존재하지 않으며, 유일하게 올바른 것은 의무를 가진 대상인 본인이 속한 사회의 주인인 대중의 이익과 권리이며, 이를 뒷받침하는 국력, 그리고 그에 수반하는 상황이다.

이러한 점들에 기반을 둔다면, 궁극적인 목표를 실현하기 위한 방법론은 전혀 중요치 않다.

오직 결과에 공, 그리고 과는 치중되는 것이다.

물론 우리는 정치적이거나, 외교적인 주제를 다루는 것이 아니기 때문에, 그러한 전쟁의 배경과 이유인 사회의 건설, '민족주의' 이데올로기에 대해 사유하는 것이 주된 목적이므로 이에 대해 따로 자세히 서술하지는 않겠다.

슬프게도, 우리들은 제대로 된 매체들의 정보 제공 부재로 인하여, 그에 대한 배경과 전쟁이 벌어지게 된 근본적인 이유나 전략적인 국가 단위의 외교적인 사안, 그와 더불어 우리들이 국가 주체로서 흔히들 지금 벌어지는 일들에 대한 착각들의 해소를 제대로 해내지 못하고 있다.

물론, 이러한 사회적인 문제의 사안을 다루기에는, 방금 서술한 모두가 적합한 예시들임은 아니지만, 정보 수용의 원활한 작용이 일어나지 않음을 시사하며, 그러한 결과는 부정적인 문제를 야기할 수 있음을 우리가 전 장들에서 다뤘기에 기술하였다.

섣불리 단정 지으려는 것은 아니지만, 국민들의 다수는 '우크라이나'라는 국가의 존재 여부마저 제대로 모르고 있던 상황이었는데도 불구하고, 우리는 단편적으로 접하게 된 정보들마저도 전쟁이란 특수한 외교적인 상태에서 사안에 관한 상황의 추이만을 간신히 전쟁의 당사국들인 각국의 입장만을 대변한, 편향적인 정보로만 인식하고 있으며, 그것을 비합리적인 태도와 스스로에게 무비판적인 본인의 희망으로만 그것을 수용하고 있다.

물론 이러한 것들에 제3국들의 정보 전달 능력 또한 객관적인 정보가 아님을 우리는 잘 알고 있을 것이다.

전쟁이라는 국제적인 외교의 상황에서 얽힌 문제들이 우리 객관성과 합리성의 존재를 부정하며, 또한 그러하게 만들기 때문이다.

특히나 이는 우리가 민족주의적인 문제를 국가적인 문제와 동일시하는 기조나 가정이 만연하여, 민족 간의 대립을 잘 이해하지 못하기 때문이다.

이러한 기조는 우리 의식 속 기저의 문화로나 국가적인 역사에 의거하여 더욱 도드라진다.

인종만이 민족을 구성하는 요소가 아니듯, 그 구성에 따라서 바뀌는 요소가 혼재하는 개념이 바로 민족의 개념이다.

사회적인 요소, 혈통적인 요소, 문화적인 요소와 같이 민족을 구분하는 방법은 제각기 다르다.

하지만 이것을 민족주의의 실현이라고 지칭하기에는 그 기원과 시간의 흐름으로 쌓인 역사적 배경이 뒷받침된다.

그만큼 주관적이고 애매모호한 개념이 바로 민족주의인 것이다.

일원주의적인 민족성과 그 민족과 국가를 동일시하게 만드는 아시아권역의 일원주의와 유럽권역의 다원주의는 그것이 갖는 의미가 상당히 다르기 때문이다.

그리하여 이는 문화적으로, 지리적으로 거리가 먼 곳의 일이자 그 문제와 얽혀 있는 그것에 대한 인식 그 자체를 우리에게 사고하지 못하게 만드는 일의 원흉이라고 할 수 있다.

아시아의 중심은 역사적으로 항상 중국의 중원이었고, 그 중원의 자금성을 차지하는 이가 바로 '천자' 바로 비옥한 땅들의 주인이자 광활한 바다의 주인이며, 모든 아시아 국가들의 주인이자 황제인, 신의 아들이었다.

그 중원을 차지하는 이들은 대부분이 현재의 '중국인'인 이들이다(그 민족의 구분이 아닌, 지금의 국적을 지칭하는 것이다).

이들에게 거의 독점되다시피 한 이 성역의 자리는 극단적인 징고이즘과 쇼비니즘에 경도된 중화사상의 등장으로 이루어지게 되었다.

한 민족의 선택으로서 '사회화의 수준'이라는 평가를 명분으로 삼아 민족들의 우열을 나누게 될 수 있었던 것이다.

그러한 이론은 우리에게 상대적으로 그들에게 이익을 가져다주었고, 우리 전신인 이들은 이를 받아들였다.

그 이유가 무엇이든 (정치적인 이익, 물질적인 이익인지에는 관계없이) 우리의 전신들과 그 사회는 그러한 이데올로기를 잘 받아들였고, 곧 널리 우리 사회에도 퍼지게 되었다.

평가받는 여러 민족들 중, 특히나 우리 민족의 현재 전신이었던 국가들과 정치인들은 이에 관하여 수용적인 태도를 굉장히, 그리고 어떠한 연유와 정치적인 상황이었든 간에, 결과적으로 우리 민족이 그것을 잘 유지한 국가임을 부정하는 이는 드물 것이다.

만일 존재한다 하여도 그것은 우리가 가진 민족적인 감정에 의한 것임이리라.

하지만 지금 이를 두고서 작금의 우리가 이해하고 받아들이든지, 그러지 않든지, 그것은 중요치 않다.

그것은 실제로 이루어진 사실이며 객관적인 역사학이기 때문이며, 우리가 이해하지 못하는 일도 벌어진 것은 그저 벌어진 것이기 때문이다.

그리고 벌어진 일들과 체제가 고착화된 것의 결과가, 바로 현존하는 우리의 민족주의적인 인식의 미흡이란 결과로서 드러나게 되는 것이다.

이 미흡한 인식은 민족성을 위해서라는 명목으로 그 수단들을 정당화해 나가는 것에 아주 능통하다고 할 수 있겠다.

먼저 우리들의 대부분은 '우크라이나인'이라는 독립된 민족이 '우크라이나'라는 정당한 국가와 그 사회의 주권을 역사학적으로 존재하였다고 우리의 기저에 의해 인식하고 있다.

또한 그리하기에 주권적으로 존재하는 국가를, 또 다른 국가가 명분 없는 외교적인 수단으로써, 부당하게 침공한 것으로 인식하게 되는 결과를 낳았다.

물론, 독재자 개인의 정치적인 사안 또한 존재하며, 그것이 가장 큰 이유이리라.

하지만 그러한 독재자를 지지하는 그 국가의 대중들과, 그전부터 계속 제기되었으며 우려되었던 문제들, 그리고 현재 우크라이나의 벌판과 초원에서 벌어지고 있는 일들은 각국의 당사자들과 사회뿐만이 아닌 다른 이들에 의하여 부추겨졌다.

이에 대해서 설명하기 그 이전에, 우리의 '민족'이라는 개념 인식에 대한 사유와 선결문제부터 고찰해 보도록 하겠다.

우리의 잘못된 선결문제 가정능력과 우크라이나 정부의 민족주의, 전쟁이라는 상황으로 인하여, 우크라이나 민족이 이룬 사회를 또 다른 사회 구성 민족인 러시아인들의 침략으로 이루어, 그들을 억압하였다는 전제를 받아들였는데, 사실 이는 그릇된 전제이다.

현 우크라이나 정부는 그들의 민족 뿌리를 '카자크'라는 개념으로 설명한다. 이러한 카자크들은 폴로베츠인들의 유목 생활, 약탈을 하는 사람들을 지칭하는 용어로, 유목생활을 하는 사람들이라는 뜻의 '콰자크'[7]에서 유래되었다.

이들 계층과 이데올로기를 구성하는 과정에서, 점차 본인들의 사회에서 독립적인 면모를 가진다.

그리고 이들은 방금 설명하였듯, 점차 국가나 다른 통치체제와의 사회적인 계약을 맺지 않는 것을 통하여, 다국적인 면모와 독자적인 유목생활로서 시작된 그것이라고 부를 만한, 독자적인 사회적인 계층의 확립을 얻게 되었다.

이들은 때로는 주변 정주 민족들의 국가를 습격하기도, 그들의 용병이 되어 보수를 가져가기도 하며 본인들만의 이주 문화를 키워 나갔다.

그 당시에 지역을 제패하던 스텝 초원 국가들이 쇠퇴하면서, 정주국가들

---

7)   Omejian pritsak. "the turkic etymology of word qazaq 'Cossak'". Havard Ukrainian studies. 28-1/4. 2006. pp. 237-238.

(폴란드-리투아니아, 리투아니아, 모스크바 공국, 오스만 제국)과의 경계 지역, 세력 균형을 이루는 지역이기에 이들 콰자크들은 번성하게 되었다. 하지만 점차 시간이 지나며 정주국가들의 세가 유목민족들을 압도하자, 그 경계지역을 넓혀 가며 점차적으로 그 영향력을 키워 나갔으며, 그러한 정주국가들의 번성에 콰자크들은 더욱 그 세를 불려 갔다.

15세기 들어서, 정주국가들은 늘어가는 인구와 그 토지를 이용하기 위하여 '농노제'의 등장으로 하여 정주국가들에서 이탈한 이들이 도망쳐 곧 콰자크로 변모하였기 때문이다.

1424년과 1454년의 칙령들과 법령을 통하여, 영지에서 탈출한 도망 농민들을 처벌할 수 있게 되었으며, 1496년의 법령을 통하여 농민들의 요구를 통한 영주의 교체를 요구할 권한을 박탈하였다.

심지어는, 1518년의 칙령을 통해, 영주재판권에 대한 판결을 그들의 주군인 왕실로 항소할 권리 또한 박탈당했다. [8]

이러한 농노제 강화의 결과와, 정주국가들 사이에서 패권을 잡기 위한 전쟁들의 결과로, 수많은 이탈자들(도망 농민들, 패잔병, 몰락한 영주들과 귀족들, 구교도들과 범법자들)이 발생하였다.

이러한 모습은 사회의 권태로서 벌어진 특정계층의 억압을 거부한 계층들의 반발을 통하여 일어난, 일종의 '계급투쟁'이었으며, 또한 인종적으로는 이들의 수가 점차 많아지는 만큼 이들의 인종은 주변 정주국가들의 주된 인종인 슬라브족들이 주류가 되어 갔으며, 이러한 과정에서 슬라브계 콰자크, 즉, 카자크(Cossak)로 그 정체성이 바뀌어 갔다.

---

8)   M. L. Bush, servitude in Modern Times(London: polity, 2000). pp. 125-128.

이것은 단지 인종적인 부분에서만 이뤄진 것이 아닌, 정주민족을 수용하며 그들의 형태를 따라 특수한 지위, 계층에서 다시금 점차적으로 그들이 본래 속한 사회의 계층으로 되돌아가는 복귀의 효시였으며, 이러한 사실들을 뒷받침하는 당시 군주들의 서한들이 존재한다.

1492년, 크림 칸 국의 칸 멩글리 기레이와 리투아니아의 야겔로니아가 (家) 대공, 알렉산드르와 주고받은 서한이 그것이다.[9]

그는 편지에서 드네프르 강 주변에서 벌어진 크림-타타르 상선의 배를 공격하고 약할, 사라진 '키에프'와 '체르카시'의 약탈자에 대해 문의하고 항의했다.

이에 '카자키'라는 언급은 이 서한에 대한 알렉산드르 대공의 답장에서 발견되는데, 대공은 답장에서 '카자키'에 대해 조사하겠음을 명령했다 답변한 것이다.

이는 이들이 단순히 다른 민족이 아닌 리투아니아 사회의 일부인, 리투아니아 공국의 '루시인 신민'을 전제했다는 것이다.

이들에 대한 또 다른 근거는 1502년 멩글리 기레이가 모스크바의 이반 3세에게 보낸 외교 서신에서도 마찬가지로 등장하는데, 지금의 우크라이나가 주장하는 '독립적 민족뿌리'는 사실 이로써 반박된다.

이들이 타타르계가 아닌 슬라브계라는 것을 이 서신이 확증했기 때문이다.

스텝 문명이 쇠퇴하고 난 뒤, 동슬라브계로 카자크들의 인종이 대체된 사실을 확인하여 보자면, 이러한 사실에 대해 충분한 근거로서 작용하게 된다.

이는 그들이 어떠한 독자적인 '사회'를 가진 '민족'이 아닌, 사회의 특별한

---

9) 구자정. 우크라이나 문제의 기원을 찾아서. pp. 24-25.

계층임을 의미하며, 이는 방금의 인종대체와 용병으로의 생활을 보면 부정할 수 없는 사실이다(특정 문명이 쇠퇴하여도 그 민족은 점차적으로 대체되거나, 새로운 사회를 구성하지, 쇠퇴하는 것이 아니다).

또한 마찬가지로, 그들의 문화라고 부를만한 '경계인적 유산' 또한 이를 시사한다.

이를 뒷받침할 또 다른 서신들을 확인하여 보자.

자신의 서신에서 멩글리 기레이는 이들 카자크들을 '루시 카자키'라고 지칭하였기 때문이다.[10]

1492년, 그리고 1502년의 이 사건들은, 카자키와 타타르인들 간 역사적 대공방의 시작을 알리는 서문이었다.

하지만 이러한 후대의 사학적인 토론과는 다르게 우리가 알 수 있는 것은 우크라이나의 민족주의적인 주장이 그들의 국가적인 감정에 의거한 비합리적인 주장임을 알 수 있다.

그렇다면 이들은 어째서 이러한 주장을 하는 것이고, 그러한 비합리적인 주장을 뒷받침하며 수단으로 삼게 만들게 하는, 정당화의 이론은 과연 무엇인가?

그것은 바로 특수한 상황을 이용하려 하는 존재와 이들을 지원하여 또 다른 이익을 도모하는 이들이 존재하며, 독립된 민족성이라는 주장을 통하여 이익을 도모하려는 엘리트 계층, 지식인 계층의 권태가 존재하기 때문이다.

---

10) "Pamiatniki diplomaticheskikh snoshenii s Krymskoi I Nagaiskoi drdami Is Turtsiei," Part 1, sbornik imperatorskogo russkogo istoricheskogo obsbchestva, 148 vols. (St. Petersburg and Perograd, 1867-1916), vol. 41(1884), pp. 476.

하지만 이러한 권태들의 존재를 우크라이나의 대중들은 그것을 정당화시킨 사유에 의하여 받아들였으며, 이는 민족주의가 가지는 자연스러운 성향의 테제의 권태들로 이루어졌다고 하여도 과언이 아니다.

민족의 일치는 대중들에게 더러 큰 의미를 가지는 결과를 필수적으로 수반하기 때문에 그것을 자연스레 주장하게끔 되고, 그러한 주장을 받아들이는 데 있어서 대중들은 비판적인 수용의 태도로 그것을 받아들이기는 어렵기 때문이다.

그리고 위의 사례에서 볼 수 있듯이 이러한 대중의 일치는 물리적으로 폭력적인 수단까지, 그보다 더 한 극렬한 수단까지도 동원하게 만들 수 있다.

물론 지금 우크라이나의 이러한 결과는 이러한 단순히 그 당시의 민족주의 이데올로기만이 아닌 당시의 순간적으로 이루어진 정치적인 상황까지도 고려해야 할 것이다.

하지만 그럼에도 불구하고 1차 세계대전에서부터 지금까지의 선례가 입증하듯, 민족적인 이데올로기는 명확한 실체를 가지지 않음에도, 정치적으로나 외교적으로나 적잖은 영향을 끼쳐 왔음을 알 수 있으며, 이는 비단 우크라이나뿐이 아닌 모든 국가들에 해당한다.

그것이 연방제의 국가이든, 단일국가이든, 연합 국가이든 상관없이 말이다. 민족주의 열풍은 대중들을 일치시키는 가장 확실한 수단이기 때문이다.

하지만 그러한 대중들의 일치는 너무나도 쉽게 인종적인 구분의 수단으로 변질되거나, 사회의 고른 성장을 저해시키거나, 새로운 갈등들의 시작으로 사회 구성원들 간의 불일치를 야기하여 사회의 정상적인 기능을 수행하지 못하게 하거나, 심지어는 사회 그 자체를 붕괴시킬 수도 있다.

1차 대전의 결과로서 오스트리아-헝가리 제국이 붕괴되는 결과와 왕정의 체제가 다른 국가들의 전쟁 패배에 대한 결과로서 붕괴되는 것을 말이다. 복수와 민족 자주성의 확립을 위하던 세르비아-슬라브 인종이건, 제국의 붕괴를 원치 않던 오스트리아-헝가리 인종들이건, 또 다른 민족들에 의한 또 다른 민족자결주의로서 그들이 바라던 방식으로는 민족의 독립이 이루어지진 않은 것처럼 말이다.

독립된 민족을 향한 그들의 열망이 민족주의로서 가속되어 전쟁이라는 방법으로 귀결되었고, 그러한 수단을 사용한 결과는 결코 그들이 본래 지향했던 결과는 확실히 아니었을 것이다.

민족을 위하던 그들의 이념들이 가져온 결과가, 다른 방식, 다른 민족을 통하여 그들의 민족에게 일어난 것은 지독한 유머이자 또 다른 민족주의적인 이념에 의한 아이러니한 이념의 광기였음이라.

이러한 민족주의는 시대가 흐르며 이데올로기적인 요소들과 결부하여 대중들에게 또 다른 유혹을 불러일으켰다.

우크라이나 독립운동의 시초는 당대의 이념이 파시즘을 표방하던 국가사회주의 나치즘과 결합되어 벌어졌는데, 이는 자주적인 인종관의 설립이라는 테제의 통일로 시작되었다.

그들이 주장하던 인종 간의 분류와 그 차별의 결과로서 전쟁을 유리하게 수행하려던 독일의 전쟁지휘부의 판단으로, 소비에트 연방을 구성하던 민족들에게 각기 다른 민족주의 열풍을 불러일으켜 그들의 독립전쟁을 명분으로 삼아, 정당화하여 당시 독일의 전쟁 수행을 손쉽게 하려는 목적으로 그들의 주관적인 판단인 인종 간 우열을 구분 지어 가는 방법론에서 '명예 아리아인'과 같은 우대를 통해 이루려고 하였다.

이것이 바로 우크라이나가 주장하는 '독립운동'의 시초이다.

그리고 이러한 이유가 바로 우크라이나에 대해 푸틴의 러시아가 주장하는 나치즘과의 전쟁 수행에 대한 명분이다.

민족성을 고취시켜 민족주의를 그렇게 득세시키게 하려던 이유로서는, 그것이 결국 귀결되어 가는 이론이 바로 애국주의이기 때문이다.

애국심을 통한 대중의 일치로 이루어지는 사회의 변화로 개인적이고 부정한 이익을 도모하는 자들에 의하여 일어났다.

그렇기 때문에 현재 우크라이나의 지도부들과 그것을 지원하는 국가들은 그토록 '독립적 민족사관'을 가지려 국가에, 우크라이나 대중에게 호소하는 것이다.

이는 물론 정치적인 목적으로 만들어지게 된, 1991년에 소비에트 연방이 붕괴될 당시, 모든 독립국들이 짊어질 수밖에 없는 문제들이라고 할 수 있다.

독립 이후에 미국과 러시아라는 두 세계 사이에서의 선택을 강요당한 것처럼 말이다.

하지만 그러한 독립의 결과를 이용하여 이익을 얻으려 수단을 갈구하는 이들에게는 새로운 기회와 정치적인 이론에 의거한, 그들에게는 새로운 이익 실현의 시작이었다.

그러한 극단적인 분열을 야기하는 이들은 물론, 우크라이나 내부의 일뿐만이 아닌 국가 외부의 이익을 추구하는 이들이 야기한 것이기도 하다.

이러한 배경을 두고 보면, 과거의 필연적인 전언인 러시아와 그를 추종하는 이들, 독자적인 민족성의 확립과 신체제 미국의 질서에서 서방의 일원이 되려는 이들, 그리고 그 두 당사자들 또한 행동에 나설 수밖에 없는 상황이었다.

그리고 그러한 선택에 결단을 내리게 한 것이 바로 민족주의라고 할 수 있다.

그렇다면 우리는 이러한 민족성과 민족주의를 경계하여야 하는가?

물론 우리는 그리해야만 한다고 말할 수 있다.

그렇지만 현대에 들어서 우리들의 진보적인 인식의 발전과, 인종 구분의 것으로 자주성을 확립하려는 시도들, 또한 그러한 의도들 가진 엘리트들과 지식인들이 그들이 속한 국가에 끼친 영향의 결과를 두 차례의 전쟁에서 확인하였기 때문에 대부분의 이론가들은 직접적인 민족성의 규정으로 더 이상은 다수의 대중들이 현혹되거나, 그것에 경도되어 본인의 이상실현을 기대하기 어려움을 잘 알고 있다.

하지만, 이러한 민족성의 발달과 그것에서 비롯된 주장들은 아직도 대중들에게 매력적인 것은 사실이기 때문에, 우리는 이러한 민족성의 긍정적인 일치와, 부정적인 면모를 둘 다 인지하고, 그러한 주장들과 이론들에 대해 깊이 고찰해 봐야 할 것이다.

또한, 우리에게 통쾌감을 줄 수 있는 감정적인 요소와 민족성을 결합한 대중매체나, 정보들은 특히나 더욱 매력적으로 보일 수 있기에, 더욱 비판적인 정보 수용의 태도로 그것을 바라보아야 할 것이다.

이들은 민족성의 확립을 위하여 합리적으로 불가능한 정책이나, 기조를 대중들로 하여금 가지게 하며 그러한 주장들을 정당화해 가는 민족주의에게는 합리성을 가진 비판적인 주구로 그것들을 사유하고, 부정해야 할 것이다.

이러한 태도를 나는 '정의로운 부정'이라 칭하고 싶다.

하지만 직접적인 민족성의 고취를 통한 방법으로 이상실현의 것이 불가능해지자 시대는 새로운 국면을 맞이하였다.

그것은 바로 후에 설명할 애국심으로부터 발생하여, 서로 상호보완적인 요소를 가진 국가주의와 민족주의의 결합을 통한 비합리적인 주장들이 바로 그것이다.

이러한 이념들을 통한 민족주의 이념의 발현사례가 부정적으로 이뤄진 사례가 여기 우크라이나에 또 하나 존재한다.

"우크라이나 민족주의단[OUN] 단원들은 민족의 대의에 도움이 되는 행동이라면, 그 행위가 설사 최악의 범죄적 행위라 할지라도 범죄를 저지르는 것을 결코 주저하여서는 아니 된다."[11]

1930년~1940년 전쟁 당시에, 나치의 홀로코스트는 유럽의 전역에서 자행되었다.

하지만 그들 중 우크라이나는 그 수많은 권역들 중 다른 점령지와는 다른 두 가지의 두드러진 차이점을 보이는데, 첫 번째로는 살인 임무에서 살인을 집행할 시에 고도화된 안전성과 효율성이다.

우크라이나는 본래 폴란드와 더불어 '아쉬케나지(אשכנזים)' 유대인들의 본래 고향으로, 세계에서 가장 많은 유대인들이 거주하고 밀집된 장소였지만, 현대의 우크라이나에는 극소수의 유대인들만이 존재한다.

이는 당시 우크라이나에 거주하던 유대인들의 80%에 달하는 유대인들을 도살해 버린 홀로코스트가 만들어 낸 결과이다.[12]

---

11) 우크라이나 민족주의자들의 십계명(dekolh) - 7조

12) Valentin Krisachenko and Olena Diakova, "Istorichna dinamilka chisel'nosti Evrei'skoi spil'noti v Ukraini". Ukraina u suitovii istorii. 50-1. 2014. pp. 98-100.

이러한 기록적인 절멸 수치는 나치 점령 치하의 유럽 그 어느 장소보다도 평균치를 훨씬 상회하는 높은 희생자 비율이라고 할 수 있으며, 그리고 이는 독립운동과 민족주의, 애국주의의 결과로서, 당시 독일의 레벤스라움 사상에 결부되어 이뤄진 결과였다.

서부 우크라이나 지역은, 나치가 꿈꾸던 "유태인 문제의 최종적인 해경"이 가장 성공적으로 수행되고, 우크라이나 민족주의자들 스스로 자행된 지역인데, 하지만 더욱 놀라운 사실은, 이러한 학살의 자행을 계획하여 수립하고, 수용 시설을 설립하며, 그것을 이루기 위한 방법으로는 자동화된 학살의 장소로 이루어진 것이 아닌, 비효율적이고 심리적 충격을 안겨 주는 방식인 '총탄에 의한 홀로코스트'로 자행되었다는 사실이다.

이는 광대한 이 지역을 담당하기에는 그 수가 너무나 적은, 나치의 인종 학살 전담부대인 '아인자츠그루페(einsatzgruppe)'의 활동을 보좌하고 필요하다면 직접 자행하는, 학살에 참여를 주저하지 않는 '토착 친나치 세력' 그리고 '자생적 파시즘 세력'의 존재, 그리고 이들의 활동을 뒷받침하는 민중의 지지 없이는 불가능한 일이었다.

이는 우크라이나 지방의 반유대주의 사상 때문인데, 흐멜니츠키(khmel'nitskii) 카자크 반란과 포그롬(pogrom)으로 대표되는 우크라이나의 국가적 기원에 따라 자생하던 반유대주의 기조를 고려하면, 벌어지기 어려운 일이 아니었음을 알 수 있다.

이와 같이 우크라이나 지역은 본인들의 그릇된 민족주의 사상과 극단적인 정치적인 기조가 맞물려 끔찍한 학살들을 본인들의 국가적 정체성 형성을 위해, 그들만의 단일된 민족성을 위해, 그러한 민족들의 독자적인 생존권의 추구를 위해서 자행하였다.

이러한 기조는 당대 우크라이나 건립을 목적으로 하여 자행되었고, 이것이 바로 독자들이 알고 있는 (대부분이 그리할) '정의로운 우크라이나 민족주의' 운동의 배경이라고 할 수 있다.

이러한 우크라이나의 파시즘은 당시 '우크라이나'라는 국가가 존재하지 않았음에 따라 운동의 형태로만 남았으며, 그 운동이 독자적인 우크라이나 국민국가 수립이라는 우크라이나 민족주의와 각별한 밀착이 존재하였기 때문이며, 그리고 그러한 파시즘의 여파가 현대 우크라이나에도 여전히 지속되고 있는 폭력의 양상을 설명해 준다.

이는 우크라이나 독립운동의 시초가 파시즘으로부터 시작된 것임을 마찬가지로 시사한다.

이러한 극단주의적인 기조는 독립적인 인종만을 위한 이념으로 시작된 사회의 붕괴로부터 만들어진, 필연적인 종말이었다.

존재하지 않았던, 본인들조차 의식하지 않았던 것들을, 구분 지어 규정하지 않던 관념들을 위하여 저질러진 것들은 존재하지 않는 허상을 실제로 만들어 내기 위한 정당화의 수단이자 그 목적이었다.

본인들만의 독립적인 인종 구분은 우리에게 본능적인 편안함을 가져다주지만, 단순한 인종적인 구분만의 편안함을 도모하는 것이라면 극단적인 사회의 붕괴를 통한 본인들만의 사회건립이라는 방법론이 훨씬 걸맞았을 것이다.

결과적으로는 제대로 이루지도 못한 채 소비에트 연방의 붕괴로 맞이한 독립이, 그 결과로 또 이루어진 전쟁만이 자신들이 주장하던 이론을 명분 삼아 그들에게 기다리는 결과였으니까 말이다.

그들 스스로조차 민족주의를 추종하며 본인들이 무슨 민족인지, 그것이 무엇이 다른지를 설명해 내지 못한다.

민족이란 개념은 폭넓은 것이기 때문에 그렇다.

하지만 이러한 만행들과 학살들은 단순히 민족을 위한 일이라는 것으로 정당화되기에는 너무나 우리의 도덕적인 잣대가 엄하다.

그렇기에 이들은 새 사회의 건립, 즉 새로운 국가의 탄생을 염원하며 본인들이 속한 사회에 속하기를 거부하며 더욱 우리의 감정에 호소하는 방법론을 점차 시작하는데, 그것이 바로 애국주의이다.

사회에 속해 있는 사람들이라면 누구나 가지고 있는 사회에 대한 구성원들의 믿음과 신용을 인질 삼아 본인들의 수단을 정당화하는 도구로써 쓰인다.

이러한 사실들은 현대의 우리들도 피차 다르지 않다.

이것은 우리의 또 다른 면모로서, 언제든 우리에게 발현될 수 있는, 인종적인 구분이 존재하는 한, 그것을 이용하여 본인들의 이익실현을 도모하는 이들이라면 모두들 언제나 시도될 수 있는 방법임을 사유해야 할 것이다.

이는 우리의 본성적인 구분으로, 그러한 구분을 통하여 우리의 일치를 너무나 손쉽게 만들어 낼 수 있기 때문이다.

우리가 독립운동이든, 민족주의든 간, 그것은 우리가 외부 사회로부터 시작된 위협에 대항하여 우리의 사회를 유지하기 위한 감정들이지, 원체 존재하던 사회를 붕괴시켜 질서를 무너뜨리고, 존재하지 않던 관념에 가치를 부여하여 소수의 이익을 보게끔 하는 이상들은 아니기 때문이다.

물론 그러한 감정들이 다른 사회를 향한 이유 없는 적개심으로도 번지게 두어서는 아니 될 것이다.

우리는 사회의 주인이지, 그저 단순히 사회를 따르는 존재가 아니기 때문이다.

사회의 권태는 곧 우리들 대중의 권태이다.

대중들이 그 어떠한 이념을 통하여 본인들이 속한 사회에 대한 의무를 저버리고 사회를 방치하여 구분 지을 수 없는 것으로 본인들만의 새로운 사회를 이룩하려 하는 것은, 최악의 주인의식을 가진, 권태로워 비판받기 마땅한 자이기 때문이다.

사회의 문제들은 우리의 문제들이기 때문에 그것을 마땅히 관리해야 하는 자들이, 감정적인 구분으로 그 책임을 다하지 않고 면피하려 들거나, 소수만의 이익을 위하여, 본인에게 주어질 '현실적인 이유'에 따라서, 대중들의 불일치를 야기하여 이루어 낼 또 다른 사회의 확립은 비이성적인 주장이며, 본인이 속한 사회에 혼란을 야기한다.

본래의 사회에 속한 대중들의 권태로 일어날 수 있는 최악의 사회 붕괴의 형태이다.

물론, 이러한 것들은 본래의 사회가 존재하던 이들과, 아니면 구분 지을 수 없는 것을 구분 짓고 권태에 빠진 사회의 희생양들에게는 또 다른 사회 변혁의 시작일 수 있다.

이러한 복잡한 대상들의 구분, 그리고 이유들과, 우리의 끓어오르는 정열적인 감정들은 상황의 정확한 판단을 읽어 낼 수 없게 하고, 이러한 복잡한 문제에 대해 사유할 수 없게 만든다.

특히나 이는 이것들이 가져다줄 수 있는 긍정적인 영향에 쓰임에 의해 더욱 어려워지는데, 민족주의란 것은 특히나 외부 사회의 위협에서는 가장 긍정적인 성향을 자연스레 보이기 때문이다.

하지만, 이러한 어려움들 속에 존재하는 대중의 일치를 확실하게 이뤄 낼 수 있는 수단으로써의 우리 사회를 향한 스스로의 위협이 도사리고 있기 때문에, 더욱이 우리는 신중을 가하여만 하고 그러한 주장을 하는 이들에 대해서 우리 스스로 감정에 경도되지 않게끔 비판적인 시각을 통하여 합리적인 판단을 귀결해 내야만 한다.

그러지 못한 사례들과 예시들은 이미 우리 곁에서도 일어나고 있으니까 말이다.

7.

이론과 신념, 그 사이에서

1) 민족주의와 국수주의

우리가 이번 절의 주제에 대하여 사유하기 이전에, 독자들은 서론과 목차를 보고 하나의 사실을 알 수 있을 것이다.

바로 특정한 공통점이 존재하는 이념들을 굳이, 다른 대(大)주제에서 독립되게 서술하였음을 바로 이 장에서 이러한 제목의 이념들을 필자 본인이 강조하기 위해 독립시킨 이유를 설명하겠다.

이전 주제의 주인공이라고 할 수 있는 이론들일 뿐만 아니라 동시에 대중의 일치를 쉽게 이르게 한다는 공통점이 바로 그것이다.

이러한 쉬운 대중적인 일치를 불러일으키는 이론의 특성은, 그 사회가 처해 있는 상황과 때에, 그 대상에 따라서 긍정적인 이론으로 받아들여질 수도, 부정적으로 받아들여질 이론일 수도 있다.

대중들의 일치를 통한 내·외부적인 단결은, 진정히 대중들의 합리적인 사유를 통하여 일치되어야 하는 것이 사회 변혁을 이루는 데에 있어 일원의 방법론이라고 할 수 있다.

하지만 이러한 이론들을 통해 이루어지는 급진적인 일치는, 그 결과나 평가가 상황과 목적에 따라 다르게 나타난다.

모든 사회의 주인이자 변혁의 결정권을 가진 대중들의 일치는 그 사회의 모든 것을 뒤바꾸어 둘 수도, 심지어는 그 계약을 철회할 수도 있는 계약의 우대자라고 할 수 있다.

그러한 권한을 가진 대중들의 합리적인 정의관이, 사회에 존재하는 많은 부정한 일들과 권태의 개안을 이루어 내는 실질적인 존재임에 있어서, 나는 그것을 수행하는 것을 책의 핵심적인 주제로 삼았다.

하지만 이러한 대중의 일치를 방해하는 것이 아닌, 대중의 일치를 기만하여 이익을 추구하는 이들이 존재하고, 그러한 이들의 이익 실현이 이루어지게 되는 것은 불일치를 통한 대중의 분열로서 변혁하지 못하는 것보다도 권태로운, 사회의 붕괴를 야기할 수 있는 최악의 권태이기 때문이다.

권태들이 어떠한 계층에게, 어떠한 상황에서, 어떠한 이익 추구를 통하여 나타났는지의 수많은 경우의 수들 중, 서술한 형태의 권태는 단언컨대 우리의 필연적인 변혁을 우리 스스로가 적이 되어 마주하는 최악의 권태이다.

대중인민 계층들의 권태와, 엘리트의 권태, 지식인의 권태가 극으로 달했을 때에 나타나는 것이 바로 대중일치의 기만이다.

이는 우리의 비판적이고 합리적인 태도로 사유하는 것을 그리하지 못하게 거세하여 만들었을 때 나타난다는 공통적인 원인을 가지고 있지만, 이로 나타날 수 있는 형태들 중 최악의 결과를 초래하는 작금의 사회에서의 주된 이론들이 바로 이러한 민족주의와 국수주의이다.

"애국심은 사악한 자의 미덕이다."[13]

이러한 서술은 우리가 우리 사회에 가지고 있는 기초적인 관념을 이용하여 우리의 일치를 통하여 기만할 때에 가장 걸맞은 어록이라고 할 수 있다.

이들 이념은 우리 사회를 구성하는 이들이라면 거의 필수 불가피하게 가지고 있어야 하는 우리의 관념들을 이론으로 만들어 둔 것이기 때문이다.

이러한 이론들의 특성이 부정되려면, 대중들이 사회에 대한 계약과 그 의무를 저버렸기 때문에 사회의 유지가 불가능해야 한다.

따라서 사회가 성립돼 존립하는 때에서는 그 주장은 선결문제의 오류일 것이다.

하지만, 우리가 이러한 권태로운 자들의 수단으로 쓰이는 이 이념들을 경계하며 합리적으로 바라보아야 함에도, 그것을 부정할 수는 없는 이유는 그 이념들이 바로 사회를 위한 존재이자, 다른 외부적인 사회에 대한 경쟁을 도모하거나 적대적인 외부 사회에 마주하였을 때에 방법론으로 쓰이기 때문이다.

합리적으로 사고할 여유가 없는 긴박한 때의 상황에서 외부의 사회와는 다른 확실한 하나의 관념들이 우리 대중들의 일치를 가져다주기 때문이다.

그러한 대중들의 일치는 사회가 단결하여 그 주권을 행사하는데 원활하게 하는 역할을 담당한다.

이뿐만이 아니라 대중들의 일치는 사회가 가지고 있는 최대한의 동력을 이끌어 내게 되는데, 이러한 일치를 빠르게 하는 것이 다른 사회로부터 우리의 사회를 지켜 내는 관건이다.

---

13) 오스카 와일드의 어록 中

이렇듯 대중인민들의 일치단결을 통한 사회의 변혁이 가지는 힘이 큰 만큼, 그것을 이용하려 드는 권태로운 이들의 열망 또한 커져 간다.

우리의 그릇된 분노를 통한 결과를 악용하여 부정한 이익을 취하려 드는 이들이 나타나게 되는데, 이러한 범국가적인 권태는 극단적이고 폭력적인 형태로 주변의 또 다른 사회에 불안감과 정치적, 외교적인 불화를 초래한다.

이리하여 사회와 사회 간의 충돌로 번지게 된 상황은 그들의 개안을 방해하며 권태에 또 다른 권태를 더해 가며 그것을 정당화한다.

물론 이에 대한 모든 결과의 책임은 우리의 사회가 전부 지게 된다 해도 말이다.

그들은 이미 본인들의 이익을 위하여 그들의 필연적인 의무를 저버린 이들이기에, 그들 스스로 무언가를 개안하여 나아간다는 것은 허무맹랑한 소리이다.

그렇다면 권태에 물들어 합리적인 판단을 내리지 못하는 대중들이 스스로 헤어 나오지 않는다면 상황은 더욱 악화될 것이다.

그리고 그러한 충돌이 계속된다는 가정하에서, 사회와 사회와의 관계는 최악으로 치닫고 우리에게 부정적인 결과를 낳는다.

부정적인 결과를 야기하여 결과에 마주할수록, 우리는 그것에서 더욱 자유롭지 못하게 될 것이며, 이는 종국에서는 사회가 다른 사회를 향한 책임의 의무를 강제하게 될 것이다.

물론, 이러한 가정은 범국가적인 형태로 권태가 퍼져 다른 사회와의 불필요한 마찰을 가져오는 것을 가정하여 서술한 것이다.

현실의 상황에서 우리는 물리적인 수단으로 다른 국가나 민족, 사회에게 무언가를 강제하는 것을 많이 보아 왔고, 그것이 언제나 잘못되고 부정한 것은 아니기 때문이다.

결국, 극단적으로 파국을 맞이한 외부 사회와의 갈등에서는 우리가 가질 수 있는 최대한의 사회 역량을 부정적으로든, 긍정적으로든 이끌어 낼 수 있는 가장 확실한 이론들이기에, 이것들을 경계하되, 그러한 이론들의 본질 자체는 부정될 순 없는 이론들이다.

이러한 이론의 효과들은 우리에게 더욱 신중에 신중을 요구하는 이론들임을 입증하고 있다는 사실을 우리는 부정할 수 없다.

그리하여 대중의 재빠르고 극단적인 일치를 이뤄 낼 수 있는 이러한 이론들은 항상 비판적인 시선에서 사유하고, 합리적으로 고려된 후, 그것이 이뤄 내는 대중의 일치를 통한 결과와 힘의 막중함을 알고 정당하게 사용되어야 한다는 의미를 갖는다.

이러한 외부적인 요인에 대한 극단적인 간정을 불러일으킬 수 있는 특성을 가진 이 이론들은 우리 사회의 계몽을 통한 변혁 자체를 통틀어 가장 중요한 두 가지의 요소들이다.

바로 합리적이고 정당한 대중의 일치와 그 일치의 비합리성을 배제해야 한다는 것이다.

다시 한번 강조하여, 대중의 일치는 많은 것을 이뤄 내지만, 그 이뤄 가는 것들은 부정적인 요소와 긍정적인 요소 그 무엇도 가리지 않고 나타나는, 우리의 합리성 유무를 통하여 이루어지는 이론이기 때문이라 할 수 있다. 이는 우리를 위한, 우리의 변혁을 가로막는 가장 큰 적이 우리들 스스로가 될 수 있음을 기억하고 있어야 할 것이다.

우리가 우리의 단점들을 마주하였을 때 그것을 옹호하며 내보이지 않는 것은 우리 스스로를 다른 이들에게 강해 보이게 하지만, 그 단점들을 인정하지 않을 때, 단점은 곧 약점이 되어 사회의 진보를 이루어 내지 못하게 하고 정체되게 하여 종국에는 붕괴만을 예견한다.

우리 사회에 대한 우리의 진정한 애국은 아이러니하게도 우리의 문제들을 인정하고 애정의 감정으로 하여금 문제를 옹호하지 말아야 한다는, 자기 교정성을 통한 우리 사회의 비판적인 수용으로 이루어지며, 이는 우리가 사랑하는 우리의 아이들과도 같은 문제라고 할 수 있다.

아이가 올바르게 자라나기를 바란다면, 아이를 사랑한다고 하여 아이가 저지른 범죄를 옹호하지 말아야 하는 것과 같다.

우리 사회의 긍정적인 미래를 향한 사회의 유지의식의 함양은, 우리의 의무이자 권리인 사회와의 계약에서의 우리의 모든 것인데, 우리는 이를 지켜 내어야만 하는 의무가 존재하기 때문이다.

2) 이념과 종교

이념과 종교, 이것들은 우리의 사회의 변혁을 발전시키거나 저해시켰던, 수많은 방법론들의 총칭이라 할 수 있으며, 이것들은 독자들 중 일부에게는 꽤나 민감할 수 있는 주제이다.

어찌 되었거나 이러한 이론들은 사회학적으로 그저 우리 사회의 발전을 위한, 방법론에 불과하지, 그 이상의 의미를 가지지는 않는다.

물론 그럼에도 불구하고 특정한 이념들에 대해 광신을 갖는 경우는 더러 존재한다.

불행히도 이러한 사실을 이해하든 하지 못하든, 결과는 결과이며, 마찬가지로 본인의 이해는 순전히 본인의 의지로 이루어지는 영역이기 때문이다.

어떠한 방법론이던 그것이 본인의 절대적인 신념이 되는 순간, 그것은 이념적 광신에 의한 종교의 영역이라 할 수 있다.

따라서 극단적인 이론의 실현을 바라고, 본인의 그 이념의 실현이 보여줄 미래를 근거와 합리성이 아닌, 절대적인 결과로 사유하여 행동하는 것은 비합리적인 몰락의 시작임을 알 수 있다.

이러한 이념의 광신은 종교가 이데올로기의 역할을 자처하며 몰락한 과정들에 비추어 보건대, 그러한 전례 없이도 몰락의 서막임을 알 수 있다 (물론 이념의 광신에 의하여 몰락한 사례가 존재하지 않는다는 소리는 아니다).

다시 말해, 종교와 극단적인 이념은 사회에 부정적인 영향을 끼치는 것과, 비합리성을 띤다는 면모에 있어 별다를 것이 없다.

종교의 정치적인, 사회적인 추구와 이데올로기로서의 역할은 본질적으로 사회를 저해시켜 나가는 존재가 되어가는 과정이라고 할 수 있다.

종교는 이론을 방법 삼아 추구하는 합리적인 결과에 도달해 나가는 것이 아닌, 정해져 있는 절대적인 결과에 사회적인 대중의 상황만을 이용하여 절대적인 결과에 맞춰 행동해 나가게 하는 것이 목표이기 때문이다.

종교는 기본적으로 '합리적인 고찰'이 불가능하다는 것이다.

종교가 등장한 배경이나 그 상황에 미루어 보건대, 대중들이 원하는 결과와 양식을 정해 두곤 우리의 행동을 제한하게 하여 합리적인 사고를 불가능하게 만들고 절대적인 법칙이나 존재에 귀속되어 사유하지 못하게 만든다.

이에 모든 종교가 가진 불가항력적인 모순점들과 그 비합리성의 비판과 심지어는 그러한 이상향의 결과를 입증해 보라는 요구들마저 그들에게는 '신성모독'이 되어 사유 그 자체를 부정한다.

이는 우리 사회가 가진 본질적인 문제를 해결하는 것이 아닌 그저 현실의 문제를 일시적인 것으로 치부하며 부정하게 만들며, 이는 우리가 이념들을 방법론으로 삼았지만, 실패로 인하여 발생하게 된 결과를 수용하는 것과는 다르게, 의문의 제기와 그 추론 자체의 불가능함으로 시작된 합리성의 부재로 인한 결론의 귀결은 본질적으로 다르다고 할 수 있다.

우리의 방법론의 실패와 절대적인 존재에 의한 필연적인 실패는 다르기 때문이다.

물론 바꿔 말한다면 종교가 합리적인 근거와 추종하는 대상이 절대적인 진리가 아닌 절대적인 대중들이라면 그것은 곧 이론이자 이념이 될 수 있다.

그리하여 이념과 종교의 차이는, 합리성의 유무와 그것들이 가진 개념들이 위하는 대상의 차이라고 할 수 있다.

지금까지 모든 문화권의 역사에서, 종교는 사회의 초기 단계에서의 기득권의 부흥을 도왔으며, 그러한 기득권의 통치로 이어지는 것을 정당화하며 존속하였다.

대중들의 사회를 한 개인에게 귀속시키는 왕권신수설이나 내세에 대한 믿음과 같이 말이다.

인간사회에 존재하는 계급구조와 사회경제적 소외를 정당화하는 이데올로기적 허위의식이 종교의 실상이었다.

종교가 사회구조를 정당화하는 주된 방식은 현실의 권력자나 부유층에 대한 무조건적인 찬양으로만 이루어지는 것은 아니며, 오히려 '신의 뜻에 따라 더 신실하고 성실한 자가 부자가 된다'는 식의 사회적인 통념을 형성하는 식으로 간접적인 정당화를 한다.

이러한 간접적인 형식의 정당화는 그 교세에 대한 대중의 지지와, 사회의 권태를 개안할 의지를 저해시킨다.

정부가 부패가 심각하거나, 합법적이지 못한 내각이 구성되어 있거나, 혹은 여러 이유로 정치적 안정성이 낮다고 느껴질 때 개인은 그만큼 신에게 "질서 있는 예측 가능한 세상", "권태에서 개안된 지상낙원"을 구원하게 될 가능성이 높다는 것이다.

이는 불안감을 통한 권태의 재생산이자 또한 교세의 대중화와 이권의 정당화를 불러일으켰으며, 그러한 사회학에 관여한 종교의 테제는 비합리적인 사회 구성의 문제를 본질적으로 해결하지 못하게 하였으며 수많은 이들의 고통을 방치하며 미천하게 취급하였다.

정작 그 종교의 지도층들은 본인들이 의미 없다며 터부시하던 물질의 궁극을 향유하며 말이다.

종교는 사회의 발전을 위한 합리성의 함양을 그 특유의 비합리성으로 방해해 왔으며, 이는 결론적으로 사회의 발전을 통한 개안으로 이루어질 대중들의 권리 실현을 방해하려는 기존의 기득권 세력과, 합리주의의 발달로 본인들의 절대적인 결과가 '모독'당하는 것을 원치 않았던 종교 세력의 동맹을 이뤄 냈다.

이는 비합리성의 발달과 사회 발달의 저해를 야기했으며, 결국 모두가 알다시피 이 둘은 서로 간의 알력 다툼과 이권을 차지하려는 시도들, 대중의 계몽을 통하여 몰락했다.

이들의 주장은 절대적인 법칙이나 존재가 서로마저도 종교를 믿는 이들,

심지어는 같은 종교의 다른 종파들마저도 그 숭배의 방법과 설법의 내용이 통일되지 않았다는 것과, 그 등장 배경에 따라 설법의 대상들인 대중들이 좋아할 만한 내용으로만 이루어져 있고, 그렇게 변모한다는 점에서 반박된다.

하지만 종교는 현실의 고통을 근본적으로 해결하지 않으며, 그 절대적인 뜻을 내세에서 절대적인 것으로 이루려 한다.

하지만 현실에서의 절대적인 존재인 것은 오직 대중, 그리고 대중이다.

예시로, 초기 기독교도들이 아시아에 발을 딛고 상륙하여 그 뜻을 설법하였을 때, 그들은 우리 민족이 가지고 있던 유교의 영향으로 조상 숭배 의식을 비판하였지만, 그로 인해 본인들의 설법된 이론과 상반되게 그 문화를 수용하고 인정하는 태도를 보인 바 있다.

이것은 본인들의 절대적인 결과조차도 스스로가 보장하지 못하는 비합리적인 태도이며, 그 자체로 대중들의 마음에 들기 위해서는 언제든 그 모습을 바꾸어 교세를 불리고 이익을 취하려 하는 것을 알 수 있다.

물론 이러한 모습들은 대중들을 기만하여 본인들의 이익을 추구하려는 행동이며 명백한 권태라고 할 수 있다.

하지만 중요한 것은 수차례의 종교전쟁이 보여 주듯이, 그들은 그들이 추구하는 절대적인 진리가 거짓이라고는 생각지 않았다.

그렇기에 문제는 더욱 크게 불거졌는데, 보이지 않는 것이 존재할 수 있으며, 그러한 존재들의 증명을 근거로서 우리는 이해하지만, 근거 없이 보이지 않는, 보일 수 없는 관념을 비합리적인 주장으로만 받아들이는 것이기 때문이다.

이러한 광신은 물론 자유지만, 그것을 우리 사회 변혁에 적용할 이론으로 삼았기에 상황은 극단적인 배척과 파국으로 치달았다.

이들은 계몽주의 이론의 발전과, 과학 기술의 발달로 인해, 그들의 말에 의하면, '불멸할' 그 힘을 잃는다.

물론, 현대에 와서는 비합리성의 몰락을 두고 싸웠던 기술적인 발전과, 사회적인 이론의 대립이 이루어지는데, 이는 합리성을 띠는 두 학문이, 인간과 그 기술들 중 무엇에 더 초점을 두느냐의 문제이다.

다시 본론으로 돌아와서, 종교는 결론적으로 대중들을 위하는 이론이 아니며, 절대적인 것도 아니며, 그저 대중들이 쉽게 현혹당할 만한, 대중들을 유혹하는 부분만이 존재할 뿐이다.

설령 그들의 말이 진실이라고 하여도, 여전히 비합리적인 특성을 보인다는 것은 부정할 수 없을 것이다.

그에 따라, 종교는 항상 본질적으로는 합리적인 사고로 만들어질 사회의 발전을 저해시킨다는 천부적인 특성 덕에, 우리의 합리적인 판단에 영향을 주어서는 안 될 것이다.

종교는 그 존재가 인정받는 이유조차 철저하게 대립되었던 계몽이론이자 이념인 '자유주의'에 의하여 그 존재를 보장받는 처지이기 때문이다.

물론, 종교의 자유는 이에 의거하여 차별되거나 우열을 가려내면 안 되며, 항상 정당하게 보장되어야 한다.

마찬가지로 현재의 종교의 존재가 가져다주는 이익은 개인의 심신 안정과 본인들의 비합리적인 존재를 설법하는 과정에서 대중들에게 이뤄지는 호의의 실현만이 존재할 뿐이다.

본질적으로 사회가 가지는 기만의 문제를 해결할 힘도, 그것을 뒷받침하는 근거조차 비합리성에 경도된, 사유하는 '않는' 한계가 명확하기 때문에 사회 변혁의 이데올로기로서 자리매김할 순 없다.

물론 현대의 종교가 정치적으로 그러한 역할을 다하지 않고 대중들에게 다가간다면, 그러한 통합이 주는 사회적인 이익들과 발전들 또한 부정할 수는 없을 것이다.

또한, 종교가 항상 그들만의 이익 추구로 교세를 늘리기 위하여 설법하는 대상인 대중들에게 설법하려 하는 행동들이 오히려 사회적인 이익을 가져다준다.

이는 과거 대중들의 의지로 이루어진 민주화운동 당시에, 탄압받던 대중들을 위하여 한국의 종교계가 그들의 절대적인 진리와 본인들 교세의 수호라는 이익 실현에 따라, 그들 개개인의 사회에 대한 정치적인 목적과 의도 없이 순수하게 대중들의 정치적, 사회적인 변혁만을 도왔을 때와 같이 말이다.

종교는 그들 스스로가 본인들이 말하는 절대적인 진리의 실현을 위하여 정치적으로나 사회적으로나 이념의 역할을 자처하기보다는, 오히려 그들 스스로가 그러한 목적 없이 대중들에게 본인들의 주장과 절대적인 진리만을 설법하여 부차적인 이익을 실현하는 것이 현대에서 그들이 가장 사회적으로 큰 영향을 가질 수 있으며, 도움이 될, 기술의 발전으로 드러나는 절대적인 존재에 대한 부정과 더불어 계속해서 변혁하고 발전해 나가는 세상에서 종교가 존재할 수 있을 방법일 것이다.

정교, 그리고 국교의 분리는 사회의 발전에 필연적인 것이며, 그렇기에 종교적인 신념은 정치적으로나 사회적으로나 주장될 수 없으며, 오직 개인적인 신념의 유무와 종교 자체의 교리가 우리 사회에 이익이 되는지, 그렇지 않은지의 여부만이 합리적으로 고려할 대상이 되는 것이다.

지금까지도 종교의 교리들은 비합리적이라고 비판할 수 있지만, 그것은 신학과 순수철학의 영역으로 남아 있기에 지금까지도 존속할 수 있었다. 물론 이들의 정치적인 면모의 포기로 인해 사회에 영향을 주는 직접적인 영향은 없지만, 부정한 이들의 대중들을 기만하여 이익을 취하려 하는 수단으로 사용되며, 그러한 비합리적인 면모가 가지는 의미가 사회에 주는 간접적인 이익보다 커질수록, 지금조차도 비판받는다(그 종교의 교세와는 상관없이 말이다).

더 이상 작금의 종교는 사회에 영향을 주는 정치적인 목적을 가져서도, 가질 수도 없다.

기초적인 사유의 토대로 돌아와, 절대적인 존재나 법칙을 위하는 종교가 아닌, 사회와 대중인민만을 위한 이론이 우리에게 본질적으로 더 합리성을 띠는 것은 물론 당연하다.

사회적인 문제를 마주하였을 때 그것의 해결을 바라다보지 않으며, 기득권을 정당화 한 수단이며, 그러한 문제로 인한 대중들의 고통에서 잠시 동안 대중들 스스로가 도피하려는 수단으로 사용되는 것이 종교이다.

진정히 종교와 그 교리에 있어서 부정한 것뿐만은 아니다.

다만 그 방법론은 비합리적인 방법론이고, 문제를 직접 사유하는 행동 또한 아니다.

사회문제의 해결을 위한 변혁은, 대중인민 계층만이 해낼 수 있는 것이지, 다른 누구도, 절대적인 진리나 영웅이 그것을 이루는 것은 아니기 때문이기에, 그에 따라서 그것은 대중의 권태라고 할 수 있다.

고통스러운 상황과 사회적인 문제에 직면하였을 때, 사회의 주인으로서 변혁의 의무를 다하지 않은 것이기 때문이다.

또한 그러한 것을 강요하는 교리는 절대적인 진리도 아닐 것이다.

우리들 모두가 그것을 알고 있지 않은가?

참으로 정치적인 면모의 종교는 대중의 신음이자, 인민의 아편이다. [14]

종교는 이러한 모순적인 면모를 보임과 동시에 권태로 인해 정체된 사회에서 희생되어 가는 사람들의 희망이었지만, 본질적으로 이것은 진정으로 대중을 위하는 이론이 아니며, 단지 그 존속을 위하여 대중을 위하는 면모만을 가질 뿐이다.

이러한 면모가 대중의 일치와 민족성의 확립을 가져다주고, 부차적인 이익의 실현과 도덕성의 함양을 이뤄 내는 것은 부정할 수 없다.

그렇기 때문에 종교의 자유는 우리의 이념에만 의한 것이 아닌, 국교 분리와 더불어 필수적인 것이다.

물론 종교와 마찬가지로 우리의 방법론으로 쓰이는 이론들과, 그 수많은 이론들 중 무엇을 본인의 정치적, 사회적인 기조로 하여 이념을 가지던, 이념들 또한 이러한 문제에서 자유로울 수만은 없는데, 이념적인 광신이 보여다 주는 문제의 결은 종교와 같지만, 그에 못지않게 비합리적이고 파국의 결과를 가져다 왔기 때문이다.

이는 반대로 말하자면 그토록 비판받던 절대적인 진리를 염두에 둔 정치적인 면모의 종교와, 근거가 존재하지 않는 비합리적인 이념이 갖는 의미가 별 차이가 없다는 것을 시사하며, 이는 비합리적인 이념 또한 이데올로기의 자리를 차지할 수 있다는 것을 의미한다.

물론, 그것을 우리는 지양해야 한다.

---

14) 카를 마르크스, 법철학 강요 中

우리의 사유는 거시적으로 사회적인 변혁을 위하는 것이지, 그 방법론인 정치적인 기조를 다루는 것이 아니기에, 이념들 간의 차이를 들먹이며 어떠한 이념이 옳거나, 옳지 않거나를 따지지는 않을 것이다.

이는 이 책의 주제도 아닐뿐더러, 이념은 제각기 다른 사회의 대중들이 놓여 있는 상황과 그 이상에 따라 달라질 수밖에 없는 것이기 때문에, 그것을 이유로 하여 이념은 절대적일 수 없기 때문이다.

그렇기에 누군가의 이념은 비판받아야 하는 숙명을 가지고 있다.

그러한 비판들과 변증적인 사유, 논증적인 언쟁을 통하다 보면, 언젠가 우리의 사회를 위한 일치된 정의관과 이념이 자리 잡게 된다.

물론 그렇게 우리 사회의 변혁과 새로운 시대를 여는 이념들 또한 다시 한번 대중의 의사나 사회적인 상황들에 의하여, 권태에 자유롭지 못한 존재가 되어 가기에, 크고 작은 변혁과 대중의 합리성에 의하여 바뀌어 갈 것이고, 그리할 의무가 존재한다.

그 어떠한 이론이든, 그것에 경도되어 그것을 신성시하거나 집착하는 순간, 그것은 합리성을 잃게 되고 변혁을 억누르며, 대중을 고통받게끔 한다.

이론은 언제나 사회의 대중들을 위하는 방법론이자 수단이지, 절대적인 존재나 법칙, 진리는 아니기 때문이다.

이론이 대중의 지지를 받지 못하는 비합리적인 면모로 그들에게 강제하는 순간, 합리성을 잃고 종교와 다를 바 없는 맹목적인 추앙만이 남아 합리적인 근거의 존재를 정당화하는 추종만이 남아 있을 것이다.

지금까지의 그 어떠한 방법론을 통하든, 실제로 사회의 질서를 유지하기 위한 도구로서 사용된 이론들은 모두 실패와 권태를 맛보았다.

하지만 그러한 권태들과 실패를, 다시 한번 우리의 의무로서 합리성을 갖추어 변혁해 나가는 것이 종교와의 가장 큰 차이점이라고 할 수 있다.

구소련의 개혁으로 인한(글라스노스트, 페레스트로이카) 붕괴와, 대공황 시기의 미합중국(뉴딜 정책)처럼, 이념에 대한 맹목적인 추종이 아닌, 벌어진 결과에 대해서 사유하며 합리적인 근거를 갖추어 문제를 변혁하려는 지식인들의 주장들과, 결정권자들인 대중들의 합리적인 사유로 수용된 변혁의 것으로 진정히 사회의 문제들을 해결해 나가는 것이 가장 이상적인 우리의 사회 변혁의 모습이다.

물론, 우리의 합리성이 항상 완벽한 것이 아니다.

그럼에도 우리는 합리를 추구하며 지향해야만 한다.

실패와 실패를 거듭하며 만들어지는 것이 사회의 발전이며, 대중은 항상 그 축의 중심이기 때문이다.

그러기에 이론을 위한 대중이 아닌, 대중을 위한 이론임을 지식인들은 항상 기억하며 의무로서 실천해 나가야 할 것이다.

대중들 또한 이론만을 위한 감정적인 태도로 합리적인 태도의 수용을 권태에 빠지지 말게 해야 할 것이다.

이미 그리하지 못한 결과들은 역사가 그것을 증명한다.

합리적인 사람은 역사를 믿고, 권태로운 사람들은 개인적인 경험만을 믿는다.

물론, 대중만을 위한다는 평계로, 비합리적인 이론을 들먹이는 권태 또한 마찬가지로 존재할 수 있다.

그것 또한 마찬가지로 필자가 서술한 종교가 가지는 비합리성의 일부이니, 대중들은 항시 사회가 처하여 있는 상황에 대한 합리적인 인식과 더불어 비판적인 검증을 통한 수용으로 이루어져야 한다.

이론들을 설법하는 지식인들은 항시 사회적인 의무뿐만이 아닌, 이론이 대중을 위하는 것이고 믿어야 할 대상은 이론이 아닌 대중임을 사유하며 명심해야 할 것이다.

지식인들이 믿어야 할 대상은 본인의 이론이 아닌, 그 사회의 대중임을 말이다.

이러한 사회적인 계층들이 가진 사유의 유무의 차이들이, 절대적인 것이 아닌 우리의 문제들을 해결하려는 의무가, 우리의 합리성을 만들어 내게 되며, 그러한 합리적인 사유의 유무 차이가 바로 이데올로기의 역할을 담당하는 종교, 그리고 맹목적인 이념적 광신과 합리적인 사회의 변혁을 이뤄 내는 이념들의 차이라고 할 수 있겠다.

지식인 계층 본인들이 주장하는 완벽한 이론들의 실현은 항상 합리적일 수 없는 대중들로 하여금 이뤄지는 것이기 때문이다.

우리의 사유로서 세워진 합리성을 가진 이론들이 대중들의 권태로 붕괴하는 일 또한 존재한다.

이러한 현상들은 우리 인간들 본성이 가진 개인적인 욕망들의 존재 때문이며, 사회에 대한 우리들의 비합리성의 감정들과 어찌할 바 없는 천성이다.

하지만 우리는 이를 매도하거나 비난할 순 없다.

하지만 방법론인 이론과 더불어 우리 스스로도 합리적임을 추구해야 한다는 사실은 명확하다.

우리가 항상 선하거나 합리적인 것도 아니며, 악하거나 비합리적인 것도 아니다.

그리고 또한, 선이 항상 똑똑한 것도 아니며, 악이 항상 멍청한 것도 아니다.

그리고 그와 마찬가지로 이론들 또한 주인인 우리에 따라 목적과 수단이 동일한 것이 아니며, 동일하지 않는 것도 아니다.

그럼에도 불구하고 우리는 항상 선을 추구해야만 하고 그러한 선을 향한 의지로 하여금, 종국에는 합리성의 추구로 새로운 변혁을 추구한다.

그렇기에 우리는 수많은 합리적인 사유와 실패를 거듭함에도, 또 다른 방법론들과 변혁들, 그것을 사유하는 합리적인 태도의 함양으로 이뤄 내었다.

그렇기에 수많은 크고 작은 변혁들은 항상 이루어졌다.

그리고 그러한 과정을 거친 작금의 사회가 우리를 마주한다.

수천 년의 시간을 거친 사회 변혁의 결과가 태동할 우리의 변혁만을 기다리고 있다.

이러한 사실에 대하여, 지도의 역할을 담당하는 엘리트 계층들과 최종적인 변혁의 결정권을 손에 쥔 대중인민 계층들 또한, 그 막중한 의무와 책임의 무게를 깨우치고 합리적인 사고로 인식하고, 받아들여야 할 것이다.

그리고 그러한 사실을 마주할 때, 우리의 권태는 사라지고 합리성은 개안한다.

변혁의 사회

이상으로 염원하는 사회,

결과로서 받아들일 사회

8.

산업혁명과 예견되는 미래, 사회의 변혁

드디어 이 책의 최종장의 단원이다.

이전의 내용들은 우리의 사회가 무엇으로 이루어져 있고, 어떻게 변혁하여 왔는지, 그리하면 우리는 그에 비추어 보아 어떻게 행동해야 하는지를, 지금까지의 역사를 해설하는 역할이었다.

단순히 우리 주변에서 볼 수 있는 사회적인 문제들을 분석하며 해석하는 것이 전부가 아닌, 우리 사회를 구성하는 수많은 이론들 중 하나의 한계로 촉발될 모순을 말이다.

이는 정치적인 것은 아니며, 조금은 경제학적인 요소라 할 수 있을 것이다.

하지만 지금 우리가 마주하게 될 단원들은 우리의 사회에서 벌어질, 우리의 문제를 예견하며 사유하는 것이 그 목적이다.

사실 우리가 이전 단원들을 되짚어 본 이유는 바로 작금의 문제를 사유하기 위한 과정이다.

아마 여러분들은 지금까지 이 책을 읽어 왔으니, 사회에 대한 문제들을 합리적으로 사유하는 데에 능숙할 것이다.

우리는 이제 새로운 형태의 문제로 비롯된, 합리성과 또 다른 합리성의 충돌로 야기될 문제를 사유해야만 한다.

물론 이를 해석하는 데 있어 과거의 방법들과 사례들이 완전히 동떨어진 것도 아니고, 충분히 그 경험들을 토대로 하여 연역적인 해석이 가능하리라 믿는다.

기술의 진보는 막을 수 없는 합리성의 결과이다.

다만 그 합리성이 추구하는 방향은 우리의 합리와는 다르다.

이에 따라 우리 인간들의 합리주의적 사고와 함께 기술의 변혁은 우리 합리성의 새로운 변혁의 동맹으로, 비합리적인 태제와 그 이론들로 부당한 이익을 취하던 자들의 교조주의적인 부당하고 권태로운 사회와 그 비합리성을 몰아내는 데 일조하였다.

다만 그러한 기술적인 진보는 본질적으로 대중들을 위하는 것이 아닌 시대의 흐름에 따라 발전되는, 필연적인 것으로 우리 인간들의 편의를 위해, 누군가의 이익을 위해 존재하는 것이다.

다만 그러한 편의나 새로운 기술들의 진보와 발전들이 우리의 보조의 역할만이 아닌 우리 인간들의 존재 가치를 대신하는 존재가 되어 간다.

이는 여러분들도 흔히들 아는 기술 그 자체의 존재로부터 시작된다.

모든 생물들의 종을 통틀어 사유하는 것, 그것들 중 합리적인 사유를 가능케 한 종은 인간만이 유일하다.

이러한 인간들의 사회에 우리의 역할을 보조하려 만들어 낸 피조물인 기술들이 이젠 오히려 역설적으로 사유하는 능력을 더 크게 갖추어선 우리들 스스로의 필요성을 입증하게 만든다.

과거의 전례로 보아, 이익을 추구하는 자들의 행동으로 수반되는 부차적인 이익의 실현은, 당시의 그 기술적인 환경이나 상황에만 들어맞는 한계를 가지고 있다.

시간은 너무도 빠르게 지나왔고, 이제 상황의 한계를 벗어나려 하고 있다.

그러한 상황의 한계는 그것을 억제할 이론의 붕괴를 야기한다.

더 이상 인간 그 본연을 위한 통제가 불가능해진다.

한계를 벗어난 가능성의 범주가 등장하여 구시대의 이론은 그 역할과 명이 다했다.

지금 우리의 질서를 위하여 현재 사용되는 우리의 이론은 이제 우리가 마주한 현실과는 다르다.

그러한 한계를 벗어나게 될 상황을 마주하게 되어 갈 확률은 우리를 대상으로 하여금 계속해서 그 속도를 빠르게 올려가고 있다.

이러한 상황에서 우리는 어떻게 사유해야 하는가?

더 이상 차 한 잔의 시간과 그 시간의 사유마저 사치가 되어가는, 새로운 '경쟁자'의 출현과 함께 말이다.

우리는 사유하는 존재이고, 결국에는 우리의 또 다른 본성을 이겨 내어 합리성의 추구로 이 사회를 이끌어 왔으며, 새로이 등장하는 문제들을 통제하고 대중들을 위할 새로운 변혁을 합리주의를 토대로 하여 만들어 왔지만, 하지만 본성도, 추구하는 것도 없는 완벽한 소수의 합리론의 존재가 우리를 위협한다.

구시대의 유물로서 우리는, 우리 스스로를 우리라는 우리에 갇혀 있기에 뛰어난 합리적 결과에만 그 의미와 목적을 갖는 존재와 경쟁할 순 없다.

그리고 그것을 지금의 우리가 부정하고 통제하는 것은, 다시 말해 기술의 진보를 우리는 통제할 순 없다는 것이다.

문화 지체의 사례는 이미 벌어진 이전의 산업혁명에서도 그 예시를 찾을 수 있다.

혹시 독자 당신은 적기 조례의 사례를 아는가?

아마도 교과서를 들여다본 이들이라면 기술의 통제를 인간이 완벽하게 이루려다 실패한 사례라는 것을 알 수 있을 것이다.

물론 그것은 대중의 의지가 아닌 권태로운 자들끼리의 이익 추구를 위한 경쟁의 결과이지만 말이다.

그것은 당연하게도 그 사회를 구성하는 모든 이들의, 그 전체의 권태이기도 하지만, 만일 그러한다 하여도, 시간의 흐름이라는 절대적인 자연법칙과 동맹을 맺은 기술의 진보를 통제한다는 것을, 통제 이론 하의 우리의 권태는 그것을 내버려두지 않을 것이다.

그리하여 그것은 가장 쉬운 방법이지만, 유지되기에 불합리하다고 할 수 있다.

우리가 더 이상 막을 수 없는, 우리의 원치 않는 진보가 우리를 향해 그 눈길을 보이고 있지만, 그러한 진보가 이뤄지고 난 후의 우리는 더 이상 그들의 주인이 아니다.

그들의 주인은 그들을 부리는 소수의 인간들이지, 인간 그 본연 자체가 아니다.

이전까지의 우리의 권태로운 본성까지도 염두에 둔 합리적인 이론들은 모두 완벽하였다.

그저 이론 그 자체에서만이 아닌 우리의 현실에서도 그대로 작용하였듯이 말이다.

하지만 이전에 설명한 바와 같이 그 이론을 수행하는 인간들은 그 본성에 의하여 언제든지 권태로워질 수 있고, 그리하여 완벽한 이론을 완벽하게 수행하지도 않기에, 언제든 권태로워질 수 있는 인간의 본성은 항상 이같이 우리를 방해했다.

하지만 이는 전에도 설명하였듯이 자연스러운 인간의 천성이며, 자연스럽지 않은 합리를 토대로 한 이론들은 합리 본연이 만들어 낸 이상에서 그 편리에 취해 또 다른 '자연스러운' 권태가 되어 간다.

그리하여 우리는 본성을 고려한 또 다른 합리주의적인 이론의 추구와 그 결과로 그 방식을 유지해 왔다.

이는 합리와 본성의 투쟁이다(물론, 합리성의 추구 또한 우리의 의무이자 본성이다).

아이러니하게도, 그것은 또 다른 합리를 추구하는 우리의 것이 우리보다도 더 완벽하게 합리적으로, 우리가 아닌 다른 대상을 위하여 또 다른 문제를 야기했다.

우리 인간들의 이론 하에서, 우리보다 더 합리적일 수밖에 없는 존재가 더 이상 도구의 영역이 아닌 인간들의 사유의 영역에 발을 들여놓으려 한다.

그리고 만일 그리한다면 우리의 사고로는 그것들의 사고와 그 이행을 따라잡을 수 없다.

그렇다면 도구는 과연 누구인가?

그것들을 부리는 이들과, 그 기술들에게는 우리 본연이 유지를 위해 필요한 도구이자, 필요치 않은 문제를 사유해야 할 거추장스러운 도구이다.

우리의 인간성에 대해 필자는 묻고 있다.

우리의 인간성을 부정하는 것이 과연 '우리'들에게 합리적인지에 대한 여부 말이다.

인간다움은 우리의 본질이며 그러한 인간다움을 부정하는 이론은 존재치 않았다.

하지만 사회의 유지를 위하는 것들은 단순히 이론뿐만이 아닌 그것을 토대로 수행하는 다른 구성들에도 달려 있다.

그러한 토대들 중 가장 큰 부분을 담당하는 것이 바로 재화를 다룬 경제라고 할 수 있다.

재화는 곧 우리의 자유이다.

작금의 우리 사회에서의 경제를 담당하는 이념인 경제적 자유주의 체제 하에서는 말이다.

한데 그러한 경제를 담당하는 부분에서의 이론은 상당히 인간의 본성에 의한 부차적인 이익으로 실현될 수밖에 없는 구조를 만들어 유지하는데, 이것은 개인의 이익을 추구하는 본성을 완전히 통제할 순 없었기 때문이다.

이전의 산업혁명을 통한 신기술의 등장으로 자본가들의 이익 실현을 도모할 생산수단의 독점과 경직되어 권태로운 사회의 권태는 더욱더 부추겨졌으며, 그것은 고용된 상태에서 노동을 통한 이익 실현을 무기로 삼은 대다수의 노동자들과 대립하여 대중 사회의 유지는 간신히 이루어지고 있었다.

하지만, 컨베이어 벨트와 같은 자동화된 설비의 등장으로 만들어진 갈등들은 더욱 악화되었다.

소위 말하는 산업의 혁명이 인간들의 이익 추구를 도모하는 도구가 아닌, 대중들의 일자리와 그로 창출되는 노동, 그리고 그로 인하여 대중들의 자유는 점차 속박되어 갔다.

이러한 사회의 권태에 맞물려, 대중들은 사회의 변혁을 요구하며 당시의 자본가들, 권태로운 엘리트 계층에게 반기를 들어 올렸으며, 이것이 바로 러다이트 운동이다.

하지만, 결론부터 말하자면 모든 노동자들의 대체가 이루어지기에는 부족한 진보이었으므로, 결과적으로 대중들 또한 권태로워졌으며, 자유를 노동으로 창출하지 못하는 이들이 아닌 이들의 이탈과 권태로 그러한 시도들은 모두 좌절되었다.

하지만 의무로서 권태의 개안을 행하려는 이들은 이에 굴하지 않고 기술의 진보를 통한 결과물들에 물리적인, 폭력적인 형태의 운동으로 기계들을 부수며 그들 스스로의 천부인권을 지키기 위하여 행하였다.

이는 선거권도, 집회의 자유도 빼앗긴 그들이 할 수 있는 최선의, 유일한 투쟁의 형태였다.

심지어는 12세 이하의 아이는 몇 시간 이상 노동 금지 같은 규제를 시작했는데, 당시 시장경제 자유주의자들은 "아이들의 일할 권리와 자유를 빼앗지 말라!"는 논리로 이에 반대했다.

이는 단순한 주장일 뿐만 아니라 당시의 사회가 대중사회가 아닌 권태에 경도된 경직된 사회임을 의미한다.

이러한 투쟁의 결과로 인해, 그것에 경도된 이념을 가진 지식인들 또한 이들의 목소리에 힘을 보태어 줄 이론들과 주장들을 펼쳐 나가기 시작하였다.

하지만 기계로 인한 생산성의 향상과 그로 인해 벌어진 권태, 절대적인 시간의 흐름으로 인하여 발전되는 기술의 진보는 이미 되돌릴 수 없는 수준에 이르렀고, 대중들의 그러한 투쟁에도 사회에 본질적인 변혁을 이루어 내지는 못하였다.

그들은 투쟁하였지만, 권태로운 이들과 더불어 절대적인 시대의 흐름을 거스를 수는 없었다.

그 당시의 스펜서 퍼시벌 총리 내각에서 군대를 동원하여 노동자들을 탄압하였고, 주동자들을 모두 처형하는 등 강경하게 대응하면서 러다이트 운동은 수그러들었다.

그러나 대중들의 불안감과 사회 의무를 향한 의지는 수면 아래로 내려간 것일 뿐, 사라진 것은 아니었다.

결국 이러한 투쟁의 결과로 노동자들은 이 운동을 통해 부분적이나마 노조 설립이 허용되었고 단체교섭을 인정받는 등 영국 정치권과 자본가들의 양보를 이끌어 냈다.

러다이트 운동은 산업혁명으로 자본주의 시장경제의 체제가 자리 잡아 가던 영국에서 노동자들이 자신들의 권익을 요구하면서 일어난 최초의 노동 운동이었지만, 동시에 산업화와 기계화라는 막을 수 없는 흐름을 거부하는 근시안적 한계를, 비합리적인 면모를 가진 이론임이 드러낸 사례다.

물론, 그러한 개인의 이익 추구로 이루어지는 사회는 온전히 개인만의 이익 추구만을 이루어지게끔 하며 그것만을 위하는 소수의 합리적인 사회이자, 대중들을 위하지 않는 권태로운 사회였기 때문에, 곧 붕괴될 사회의 유지는 그것만으로 이루어질 수 없어 부분적인 변혁을 불러일으키게 되었다.

그리하여 이들에게는 그들의 이익 실현을 위해서 창출되는 일자리의 동원과 같은 이익 실현을 위해서는 필연적인 부분들과, 노동인권의 창설, 사회보장제도와 같은 정책들을 만들어 내어, 사회에 속한 이들이 개인적인 이익 추구를 위해서는 무조건적으로 그 사회에 통제를 받게 되는, 사회계층들의 의무 실현으로 이론에 부족한 부분들을 보태어 의무로 실현된 개안이 사회에 자리를 잡게 되었다.

물론 현대의 이러한 이론을 정립한 것은 아니며, 그러한 정립이 등장한 것은 거의 한 세기 뒤의 일로, 베버리지 보고서를 통한 개혁으로 이루어진 이론이었다.

물론 이러한 개혁 또한 대중의 지지와 일치가 있었기에 적용 가능하게 된, 당대만의 상황을 변혁하는 일시적인 것으로, 앞으로 다가올 시대의 흐름과 기술적인 진보들을 모두 고려한 이론은 아니었다.

물론 모든 변혁이 그렇듯 새로운 이론의 도입은 이론의 급진적인 방향으로만 이루어지는 것이 아니다.

그렇다고 하여도 이러한 부분적인 변혁은 우리 사회를 이루는 방법론으로 꽤나 잘 적용되어 단순히 소수와 그 이익을 누리는 이들, 그 자체만을 위한 사회의 모습인 야경국가의 모습을 벗어나게 되었다.

물론 국가 간의 경쟁과 같은 외교적인 부분에서 어려움이 있어 그것을 완전히 뒤바꾸지는 못했다.

하지만 현대에 들어서는 그러한 개인의 이익 실현을 돕는 도구인 기술의 발전은 시간의 흐름에 따라 계속해서 발전되어 가며, 대중들이 누릴 부차적인 효과의 완전한 상실을 불러일으키고 있다.

이는 작금의 이론이 개인들의 자유로운 이익 추구를 보장하는 것으로 대중을 위한, 인간들을 위한 사회의 유지를 이룬 것이기 때문에, 그것에서 발생하는 오류들은 그 당시에는 존재하지 않았지만, 지금의 우리에게는 또 다른 권태와 대중들의 자유 찬탈의 시작이라고 할 수 있다.

우리에게 도래할 새로운 산업혁명은, 기계학습과 인공지능의 발달로 인한 산업의 변화를 가리키는 말임에도 불구하고, 그 정의는 아직까지 명확하지 않아 그 실체가 불분명하다는 논란이 존재한다.

이것이 의미하는 것은 지금까지의 노동 보조적인, 노동의 본질에서 그 힘을 키워 가던 이전의 산업혁명들과는 달리 인간으로 이루어지는 노동 본질의 완전한 대체를 이룰 수 있기 때문이다.

그러한 차이점을 우리는 완벽히 이해하고 있지만, 그것이 우리에게 어떤 방식으로 일어날지는 모른다. [15]

"제4차 산업혁명은 단순히 기기와 시스템을 연결하고 스마트화하는 데 그치지 않고 훨씬 넓은 범주까지 아우른다.

유전자 염기서열분석에서 나노기술 재생가능 에너지에서 양자 컴퓨팅까지 다양한 분야에서 거대한 약진이 동시다발적으로 일어나고 있다.

이 모든 기술이 융합하여 물리적 영역 디지털 영역 생물 영역이 상호교류하는 제 4차 산업혁명은 종전의 그 어떤 혁명과도 근본적으로 궤를 달리한다."

역사적으로, 산업의 혁명은 언제나 우리 사회를 변혁해 왔다.

이는 물질의 가치를 재정의하는 과정임과 동시에, 물질과 그 물질의 생산수단을 점유하는 이들의 변화를 의미하기 때문이며, 그것으로 인해 필연적으로 계층의 구성원은 뒤바뀌게 된다.

하지만 여태까지의 산업혁명은 이미 역사에서 이루어진 것을 토대로 평가하여, 한정적인 노동의 발전을 다룬 방식에서의 투사하여서 산업혁명이라 불리었지만, 우리가 마주하고 있는 작금의 4차 산업혁명의 경우에는 아직 일어나지 않은 변화와 앞으로 새로이 다가올 사회 변혁의 종말에 대

---

15) 클라우스 슈바프의 어록, 2016.

하여 미래 추측적인 표현을 사용하는 것이기 때문이며, 그러한 기술들의 상호유기적인 관계들을 모두 일컬어 설명하는 것이다.

보통 그러한 사회의 실현은 미래의 것이라 가정하지만, 우리는 지금 일상에서 그것이 다가옴을, 구현되어 구체적으로 발전한다는 사실을 알 수 있다.

또한, 이러한 기술의 진보는 완전히, 그 생산성의 유능함과 생산수단을 소유한 개인의 이익 추구를 위해서도, 그 능력과 노동 자체를 염두에만 둔 효율성의 면에서도 인간들의 노동력을 충분히 대체할 수준에까지 도달했다.

이 혁명의 핵심은 빅 데이터 분석, 인공지능, 로봇공학, 사물인터넷, 무인 운송 수단(무인 항공기, 무인 자동차), 3차원 인쇄, 나노 기술과 같은 7대 분야에서의 새로운 기술 혁신이다.

제4차 산업혁명은 물리적, 생물학적, 디지털적 세계를 빅 데이터에 입각해서 통합시키고 경제 및 산업 등 모든 분야에 영향을 미치는 다양한 신기술로 설명될 수 있다.

이들의 공통점이라 할 수 있는 것은 바로, 직접적인 노동력의 투사가 인간들에 의해서 이루어지지 않게, 그것들을 대체할 수준임을 나타내고, 사회에서의 그 영향력을 점차 넓혀 나가며 공유한다는 것이다.

그렇다면 지금까지의 간접적인 통제로 언제까지고 모든 부문에서의 시간의 흐름으로 인한 기술 진보를 막을 순 없을 것이다.

노동자가 존재하지 않는 기업에서 노조를 허용하거나, 강제적인 고용으로 이루어지는 통제는, 대중 계층들의 자유 종말과, 수많은 실업과 임시방편, 그리고 자유 찬탈을 의미한다.

그러다 종국에는 대중들의 일치로도 변혁할 수 없는 권태의 것인, 그들에게만 합리적일 새로운 사회가 도래한다.

이들의 비합리는 우리에게 합리이며, 우리의 합리는 그들에겐 권태가 되어 간다.

계속하여 대중들이 일치를 이루어 내지 못하고 권태로워진다면, 대중이라 부를 만한 이들의 수는 줄어들고 종국에는 합리적인 이론과 의무를 향한 열망의 일치로도 변혁을 야기하지 못할 것이다.

사회는 인간들과 인간들 간의 상호 유기적인 작용으로 이루어지는 집단이다.

그러한 사회에서 지금의 재화가 가지는 의미는 곧 자유이다.

에라스뮈스가 말하였듯이 말이다.

본인의 자유를 실현케 하는 것뿐만이 아니라 다른 이의 자유를 소유케도, 본인의 뜻을 이루게도 할 수 있는 큰 의미를 갖는다.

하지만 그러한 중대한 인간의 자유를 사회의 영역 그 안에서 이루어지게 하는 수단으로 사용될 재화가 작금의 권태들로 인하여 점차 부차적인 효과만으로 사회의 유지를 이루어지게 하는 것이 아닌 변질되어 가는 누군가의 이익 추구의 수단으로 변모한다.

주객의 전도가 이루어진 것이다.

사회를 유지하기 위하여 본성을 다루는 부분의 미흡함이 그것을 야기했다.

물론 그럼에도 불구하고 부차적인 사회적인 공익의 실현이 이루어지지 않는 것은 아니기에 사회의 유지는 이루어진다.

하지만 이러한 이론의 한계를 벗어나게 하는 또 다른 합리의 추구가 그 체제를 무너뜨리려 하고 있으며, 그러한 추구는 부차적인 이익의 실현이 전혀 이루어지지 않는 사회를 말한다.

이는 더 이상 대중의 사회가 아닐 것이다.

그리고 그러한 사회는 대중이 아닌 기술의 소유자들을 위하는 사회가 되어 가며, 우리들의 존재는 점차 주도권을 쥔 이들에서 부차적인 이익과 임시방편인 통제들로 그들을 속박하는 이들이었다가, 종국에는 우리가 부차적인 이들로 변모해 간다.

지금의 이론은 이러한 사태를 막아낼 수 없다.

모든 부분에서 인간의 생산성을 통한 재화의 창출은 이루어지지 않으며 기술을 소유한 이들의 기술과 진보로 대체되어 간다.

러다이트 운동의 촉발이 된 그 원인이 우리 사회의 모든 면에 있어 벌어지는 것이다.

그렇다면 작금의 재화를 위한 투쟁의 승자는 기술을 소유하며, 투쟁의 승자를 위한 합리로 변모하게 된 사회가 그들의 승리의 과실이다.

다만 이것은 그들에게 합리적인 사회이자 이론이지, 대중들에게 진정히 합리적인 이론도, 그러한 사회도 아니다.

지금의 이론은 그러한 미래에 가능성을 더해 가고 있다.

막을 수 없는 기술의 진보와 동맹하며, 우리에게 말이다.

그들만이 아닌 국가 그 자체끼리의 경쟁, 다른 사회와의 경쟁에서 그 필요성과 정당성을 가지기에, 애국심을 향한 우리의 열망으로 대중의 일치는 더욱 일어나기 쉽지 않다.

우리는 또 다른 사회의 변혁이, 그것을 다루는 이론에 대한 변혁이 필요하다.

소수와 그 재화를 위하는, 부차적인 효과로 인해 그것을 촉발할 이론과 재화의 사회가 아닌, 다수와 그 인간을 위하는 이론이 말이다.

그렇지 못한다면 종국에는 생존과 그 존재를 위한 극단적인 물리력의 투사와, 사회 계층의 종말이 우릴 기다린다.

이는 우리 사회가 내부로부터 붕괴함을 의미하고, 그 말인즉 우리를 위한 사회와 당신을 보증하며 위하는 사회의 종말을 의미한다.

이러한 사회에서 부품의 역할과 도구의 역할로 그 가치를 입증하게 하는, 지금의 사회는 우리가 경쟁할 수조차 없는, 막을 수도 없는 대상과의 경쟁을 야기하고 있다.

물론 그것은 더 이상 육체적인 노동에만 국한되는 것이 아닌, 우리 사회 전역에서 어떠한 방식으로든 이루어지는 모든 부문에서의 노동 대체와 경쟁들을 말한다.

대부분의 대중들은, 사람들은 그러한 경쟁에서 그들의 대체가 본인에게 어떻게 이루어지는지 원치 않아도 자세하게 알게 될 것이다.

그것의 대상은 이 글의 독자들도, 절대 다수가 대중들인 모든 사람들 또한 마찬가지리라.

우리는 소수의 합리를 위한 방법으로 사회의 유지를 이뤄 나가는 이론이 아닌 대중을 위한 합리로 사회의 유지를 작용케 하는 이론이 필요하다.

모두가 권태로워 본인의 이익 실현을 바라겠지만, 대부분은 그러한 사회에서 그저 도구로서 작용한다는 점을 간과하여서는 안 된다.

대중을 위한 사회를 지향하는 의무를 수행하는 것이 아닌, 개인의 이익을 위하며 추구하는 권태로운 이들도 마찬가지로, 그러한 확정적인 가능성의 대상임을 알 것이다.

이것은 다시 말해 본인의 재화를 위해서 사회의 변혁을 바라지 않는 이들도, 대중의 의무를 다하지 않은 어느 권태로운 이들도 마찬가지로 그러한 때가 오면 종국에는 대중들의 일치로 합리적인 이론의 새로운 변혁으로 사회를 만들어 가야 하는 때가 온다는 것을 의미한다.

대중의 몰락은 곧 사유하는 인간의 몰락이며 인간을 위하는 사회의 몰락이다.

사회에 몰락에 해당하는 대중들은 권태로운 이들도 마찬가지임으로, 본인의 권태조차 실현하지 못하는 사회의 붕괴에서는 본성적으로도, 합리적인 사회에 대한 의무로서도, 그들은 일치될 것이다.

그리고 그러한 때가, 일치를 이뤄 낸 대중들과 소수의 기술을 부리며 이익만을 실현해 가는 이들과의 투쟁이자, 바로 또 다른 우리 사회가 마주할 변혁의 시작이다.

새로운 계급투쟁의 역사의 시작인 것이다.

이론을 바꾸어 내지 못하여 우리 사회가 천부인권을 지켜 내지 못하고, 다수의 대중을 위하는 것이 아닌 소수의 이익을 위하는 사회로 변모하는 것은, 그들에게는 합리적인 선택과 이익의 실현이지만, 그것은 본질적으로 다수의 대중을 위하는 사회에게, '비합리적'이다.

변혁이 필요한, 빠르게 변해 가는 시간들과 발전해 나가는 기술들을 통제할 이론들은 더없이도 오래된 것들인데, 그러한 이론들의 허점을 이용하여 우리의 사회를 그들의 사회로 변모하지 못하게 하라.

이것은 대중들의 의무이자, 모든 사회 계층의 의무이다.

그리고 이러한 예견의 반증은, 바로 그것의 토대가 될 작금의 사회의 권태가 근거이다.

이러한 권태들을 개안해 나가야 하는 것은 지식인들의 이론들인 방법론이고, 그러한 방법론들 중 합리적인 근거를 가진, 비판적 사고의 수용으로 이루어진 합리적인 결정으로 대중들의 사회를 이룰 이념이 될 것이고, 지도하는 엘리트들은 그에 맞춰 변모하게 될 것이다.

우리의 이론과 사회가 그들의 권태를 위한 이론이 되어, 대중인민들의 사회를 그들의 이익실현만을 위한 권태의 사회로 변모하게 두지 말라.

우리의 도구인 재화가 가지는, 우리의 자유를 그들에게 종속케 두지 말라.

이것은 모든 사회 계층의 의무이자, 본인의 자유를 위한 투쟁이다.

우리가 그들만을 위한 완벽한 합리를, 경제적인 종속으로 하여금 수단 삼아 사회의 주인을 변동케 두지 말아야 하는 이유이다.

우리가 기술과의 경쟁에서 질 수밖에 없으며, 대체될 도구가 될 것이라는 결과를 부정할 수 없다.

그리되기 이전에 진정히 인간을 위하는 사회를 지켜 내기 위한 당신들의 투쟁은 필연이다.

질 수밖에 없는 싸움터로 변모하게 두는 것이 아닌, 대중의 일치를 통한 진정히 '합리적'인 방식으로 하여, 대중들을 위하는 이론으로 변혁하게 하라.

우리와 우리 사회가 유지될 수 있는 배경으로, 그러한 사회와 대중들을 위하는 이론으로 말이다.

우리는 그때에 가선, 그들만의 사회에서, 그들이 추구하는 바와 그것을 정당화하는 이유들, 권태들로 무장한 그들과 싸워 이길 수 없다.

다만 그리되기 전에 그들에게 종속되지 않을 투쟁의 배경을 만들고, 그렇게 투쟁할 수 있다.

그러지 않는다면 전에 설명한 것처럼 패배는 필연이며, 사회의 의미는 변질되고, 진정한 합리는 종말을 맞이하며, 사유하는 이들이 종말을 맞이한다.

이는 우리 인간을 위하는 사회의 종말이자 인간성과 인간 그 본연의 종말이다.

도구가 아닌 인간으로 사유할 수 있을 때에, 그리고 일치가 이뤄질 때에 행동하라.

우리가 그들보다 우위에 있는 것은 바로 그들의 권태를 위한 수단인 기술의 충분한 진보가 우리의 구시대적인 이론의 한계들을 초월하여 그것들을 부정하며 또 다른 비합리와 권태들을 이뤄지기까지의 시간이다.

그리고 그 흘러가고 있는, 지금도 마찬가지인 시간 속에서 새로운 이론을 합리적으로 받아들이고, 합리적인 태도로 상황을 인식하여, 또 다른 사유하는 존재들과 대립해야 하는 이들은 지금 우리 사회를 구성하고 있는 모든 이들이다.

바로 지금 이 책을 읽는 여러분들의 의무이기도 하다는 것이다.

그리고 그 시간 동안 사유하고 대비하라, 그러다가 다가올 필연적인 대중의 일치로 변혁을 이루어 내리라.

그것이 우리 시대의, 작금의 사회 계층들이 가진 특성들의 것으로 하여금, 새로운 의무를 다해야 할 문제이다.

사회는 항상 우리만을 위한 사회이어야만 하지만 그러지 않을 때도 있다.

항상 권태롭기도 하기 마련인 우리의 천성 때문이다.

우리의 역사가 이것들을 증명하지 않는가?

그 투쟁과 변혁의 대상이 인간이 아니라는 점만이 다를 뿐이다.

하지만 거듭 강조하였듯이, 그러한 권태의 책임은 전부 모든 사회 계층이 가져가야 할 책임이다.

그리고 그러한 책임은 또 다른 본성인 합리의 추구를 통하여, 필연적으로 우리를 다시 개안하게 만들며 변혁을 주도하게끔 한다.

이 사실은 필연적으로 미래에 권태로울 이들, 그리고 그러한 권태를 주도할 가능성이 높은 지금의 재화를 둔 경쟁에서 우위에 선 이들 또한 마찬가지이다.

그들 또한, 그것이 우리 사회의 권태를 주장하는 데 일조한 다른 사회이건, 그것이 아니면 소수들 간의 본성으로 이루어지는 이익 실현을 두고 경쟁에서 패배하여 다시 사회의 합리성을 되찾아와 스스로와 사회의 개안을 이루려 할 때에는, 그들을 위한 사회는 이미 그들의 손에 의하여 스스로 종말을 맞이하게 두었을 것이다.

그들의 본성은 권태를 불러일으키는데, 우리의 사회는 비합리적인 권태를 지양한다.

하지만 사회가 그들의 것으로 대체된 그때, 권태가 합리를 자처하는 때에 그들은 뒤늦게 무엇을 할 수 있겠는가?

그리고 그것이 바로 그들의 권태에 대한 책임이자 개인이 사회에 저지른 권태로서 받을 수 있는 가장 큰 처벌일 것이다.

9.

이론의 한계, 권태의 발달

우리는 우리 사회가 앞으로 마주할 새로운 문제들과, 그 문제들을 위한 새로운 변혁을 사유하여 보았다.

그렇다면 과연 그 문제들은 무엇으로 나타나는가, 그리고 그것을 통제할 새로운 우리의 방법론이 되어 줄 이론은 무엇인가.

이를 탐구하는 것이 이번 장에서의 우리가 사유할 주제이다.

단순히 풀어서 사유하는 것이 아닌, 어떻게 행동해야 하는가를 말이다.

그것의 시작은 앞으로 기술의 발달이 가져올 노동력의 불필요함으로 시작되는 인간 본연의 자유 추구의 부정이라는 새로운 문제를 야기하는 데 일조하는 작금의 이론을 사유하는 것으로 시작한다.

보통의 사기업들 간의 행태는 자율적인 의사결정에 놓여 있는 상태에서의 경쟁과 협업을 통한 상태에서의 경제적인 이익을 최우선적인 가치로 두어 벌어들이는 이익 자체를 사회에 이바지하는 형태로 구성되게 된다.

필자가 말하는 기업적인 이익이 단순히 국가 경제의 규모와 기업의 규모로 인한 형태적 구분을 위하는 존재만은 아니다.

기업이 벌어다 들이는 이익이 국가 근원을 이루는 대중인민들에게 얼마나 환원되느냐를 따져 보고, 그러한 기업의 가치가 기본적으로 보장되어, 소비자가 동시에 생산자가 되어 사적인 존재들이 벌어들이는 이익을 고용을 통한 자연스러운 재분배를 이루게 된다.

이를 나는 '정상적인 기업의 상태'라고 칭하고 싶다.

기업이라는 존재들을 단순히 본인의 욕망 실현을 위한 이익적인 의미만을 부여하는 이라면 그것에 동의하지 않을 수 있다.

다만, 국가가 보장하는 자유를 통해 벌어들이는 이익의 사회적 가치의 존재가 없다고 판단한다면, 그는 국가 또한 그의 자유와 권리를 보장함에 있어 당연한 일이 아님을 깨달아야만 한다.

덧붙여서, 그가 스스로 그의 자유를 침해당한다고 느끼어 거부권을 행사한다면, 사회가 정상적인 의결권을 가지고 있는 상태에서 (대중인민의 의사로 일어난 일이라면), 민주적인 방식의 다수 의결권의 가치를 깨달아야만 한다.

그것은 반대의 경우에도 마찬가지라서, 정치적인 기조에 따라 기업의 이익지향적인 면모를 지지하고, 반대로 사회적인 면모를 지지하는 사람들의 대립이 종종 우리 곁에도 발생한다.

다만 21세기 들어서, 기술의 변혁에 따라 새로이 등장한 개념들이 이러한 구조를 완전히 뒤집어 놓는 상항이 발생했다.

기술의 발전을 통제하는 이론들이 개념 자체를 뒤흔드는 빠른 속도의 산업혁명에 의하여 제대로 된 상황의 통제가 불가해 가기 때문이다.

이는 점차 인간들의 노동력 그 자체가 공정상 불필요해 가기 때문이고, 국가 또한 세계와 외교적인 측면에서 그것을 바라보았을 때 성장의 촉진을 지원해 가기 때문이다.

흔히들 우리 주변의 사람들은 1970~1980년대를 떠올려 본다면, 학술적으로 문과적인 가치가 우대받는 상황임을 기억하는 이가 있을 것이다.

이는 기술의 한계로 인간의 최대 효율적인 활용을 도모하기 위한 일이었다. 요즈음의 세상에서는 이공계열이 우대받는데, 이는 위에서 설명한 그것 때문이다.

그것조차 최소한의 유지보수를 위한 인력만이 점차 남게 될 것이고, 더욱이 노동가능 인구의 실업률 또한 증가시킬 것이다.

우리의 산업혁명이 가져올 변혁과 이에 대해서 사유하기 이전에, 우리의 사회 체제를 유지하는 방법론을 사유하여 보겠다.

그리고 그 방법론들을 사유하기 이전에. 그러하게 서술된 발전 단계가 서구사회를 위주로 서술된 것의 의미는 다름이 아닌 그 이해를 돕기 위함이고, 동양의 발전적인 면모도 다른 방법으로의 같은 수단이라고 할 수 있다. 현대에 들어 동양권역의 국가들이나 사회들 또한 이러한 모습으로 변모하였으니까.

다시 본론으로 돌아와, 과거 우리의 농경 사회에서 가장 중요한 재화가 무엇인지 따져 보자면 그것은 농경의 결과물이자 생존을 위한 필수적인 노동의 결과인 작물일 것이다.

식량 자원의 확보는 종의 생존을 위한 필수적인 물질이므로 그 가치가 사회에서든, 개인에게든 크기에, 그것을 이유로 하여 확실한 재화로 보장받는다.

그리하여 그 재화를 위한 모든 국가의 총력이 집중되었는데, 농경 사회에서 농업에 모든 부분을 집중하여 현물의 거래를 위한 작물을 생산하는 것, 그리고 그러한 작물을 길러 낼 토지의 소유, 그리고 그러한 작물을 길러내는 필수적인 노동력의 관리와 같은 정책들에 그 힘이 집중되었다.

토지와 농민의 노동이 직접 투입되던 가내수공업 단계를 넘어, 기계와 동력의 힘을 입어 전 세계로 시장이 확대된 산업혁명기로 접어들자 중농주의에 근본적인 결함이 있다는 건 명백해졌다.

중농주의 입장에선 유일한 생산계층인 농업은 소외당하는 반면, 아무것도 생산하지 않는 비생산계급의 활동만 활발히 감지되고 있음에도 전체적인 경제규모는 불어나는 이상현상이 발생한 것이다.

국가의 부는 오직 농업을 통해서만 생산된다는 대명제를 벗어날 수 없는 중농주의로선 이러한 '기형적인' 경제현상을 체계적으로 분석하는 것이 불가능했다.

하지만 이러한 중농주의는 농업을 통한 재화의 의의를 정립하고, 그 재화를 통하여 사회의 이익이 실현되는 것을 입증하였다(물론, 그 당시 사회의 권태와는 별개의 재화를 다룬 이야기이다).

유일한 생산계층인 농업 주체들이 각자의 이익을 추구하다 보면 사회적으로 이익이 될 수 있는 국부의 극대화를 유발이 가능하며, 이를 통해 중앙 집권의 수반을 이룰 수 있음을 증명하였다.

농산물의 가치에 해당하는 임금의 지불과 그 개념의 확립, 부차적인 이윤 등의 소득을 수반하기 때문에 그로 인한 수요 부족으로 인한 불황은 있을 수 없으며, 생산 계급인 농민의 보호 및 자유시장 활성화를 의미하였으며, 이는 곧 다가올 작물에서의 화폐로의 대체를 원활하게 하였다.

또한 경제의 분야를 생산, 소비, 비생산 계급으로 분류하며 체계적인 분석과 투자를 이룰 수 있게 되었다.

물론 그 당시의 사회는 대중의 사회가 아니었기 때문에, 이러한 중농주의의 변혁은 소수 이익집단들, 생산수단인 토지와 노동력을 소유한 소수의 강화를 위하여 이루어졌다.

작물의 재화는 그 가치가 확실하지만, 그것을 상업적으로 다루기에는 필수적인 제약이 이루어지기 때문이다.

단순히 작물의 운반 과정만 보아도 습도와 시간의 제약이 생겨나는데, 이를 지속적으로 영향받지 않으면서 옮길 수는 물리적으로 불가능하다고 할 수 있다.

따라서 생산수단을 소유한 이들의 권력 강화와 국부의 원활한 확보를 위하여 그 대체품인 보석과 금, 은과 같은 광물로 그 재화의 가치를 점차 옮겨 가게 된다.

이러한 광물들은 기초적인 재화의 기능을 수행하기에 자연적인 가치가 확고함으로 가치의 이양은 손쉽게 이루어졌고, 점차 농경 사회에서 기본적인 상업의 사회로 접어들게 되는 발판을 마련하였다.

따라서 국가의 재화인 물질들의 생산자들의 집중으로 인한 새로운 국가적인 총력을 쏟게 되는데, 이를 중상주의라고 한다.

무역을 통해 자본 및 귀금속(금, 은)을 축적하는 것을 국부를 증대시키는 이상적인 방법으로 여기는 정책이며, 단순히 사회를 유지하는 데 필요한 작물의 가치만이 아닌 외부사회를 향하여 이루어질 투사를 위한 수단으로의 재화를 다루는 정책으로 확장까지 이루어졌다.

15세기 중반부터 18세기에 걸쳐 유럽 절대주의 왕정에서 대체로 취한 정책이며, 이론이 대두되던 시기에 그 생산을 위하여 대항해시대와 신항로의 개척이 이루어졌음이 그것을 대변한다(물론 형식상의 목표는 종교의 정당화로 이루어진 기독교도의 설법이었다).

중상주의 정책이라고 하면 흔히 '보호무역주의'를 떠올리지만, 정확하게 말하면 보호무역주의는 중상주의의 대두로 인해 나타난 결과적인 현상이다.

금, 은 등의 귀금속을 그 재화로 여기며 유출 방지를 위한 국내 축적과, (중금주의) 정부의 적극적 개입을 통한 자본의 집중으로 국가 단위의 재화를 통한 정책들이 대부분 실현되었다.

이는 곧 개인들 간의 거래로 이루어지는 필요 이상의 자발적인 경쟁과 이를 통해 이루어질 유출을 통제하며 거래를 제한함으로써 국가 자본의 유출 방지를 위한 정책들이 실현되었으며, (보호무역주의) 이를 위한 공공재의 확보 및 시장의 활성화를 촉진하였다.

또한 이러한 재화를 생산, 그리고 재생산의 과정을 거쳐 국부를 강화하는 상인들의 보호를 통한 국부의 극대화를 지향하는 정책들이 시행되었다.

이러한 재화의 거래로 발생한 이익의 수출을 위한 국내 산업 육성이라는 기초적인 산업화의 틀을 마련하였고, 그 과정에서 발생할 재화의 유출인 귀금속의 상실을 막기 위하여 중계무역과 수출을 강조하는 이론이 대두되었다(무역차액주의를 의미한다).

이들의 이론은 자유로운 시장경제의 활성화를 통한 이익 실현의 열망과, 정책들의 시행으로 발생하는 귀금속의 확보로 인한 인플레이션, 귀금속의 수출 부재로 인한 직접적인 거래의 활성화가 이루어지지 않았기에 곧 붕괴되었다.

하지만 가장 큰 이유로서는 바로 산업혁명을 통한 노동력의 증대이다.

이러한 거대한 노동력을 전부 관리할 귀금속의 부재는 당연하였고, 이로 인해 직접적인 이론의 대체가 이루어지게 되었다.

그리고 이를 대체하는 것이 바로 자유로운 시장경제의 활성화를 통한 직접적인 거래와 상공업의 도래를 일으킨, 현대 자본주의의 모체라고 불리는 상업 자본주의, 경제적 자유주의이며, 또한 지금까지의 생존으로 그 가치를 입증한 초기 자본주의의 등장이다.

인간사회는 공동체이고, 각기 다른 기관, 기업 등이 별도의 역할을 조직 내에서 나누고, 그 직급과 직책에 따라 급여의 격차가 생긴다.

또한 자본주의 체제의 경우, 자본가는 가진 자본만으로도 노동을 하지 않아도 되기에, 노동을 하지 않고도 시간상 자기계발이나 여가 등 어느 정도 유리한 위치를 선점할 수 있다.

이는 자본을 위한 또 다른 투쟁의 장이었던 것이다.

또한 당대의 사회에 이루어진 변혁으로, 그러한 사회 변혁이 이루어지며 대중들의 사회가 만들어지게 되었고, 이와 대립하는 갈등의 초안이자 작금의 사회에서 발생하는 문제들의 모체이다.

자본의 유무, 그리고 그러한 자본을 만들어 내는 생산수단의 소유 여부가 계급이나 노예제와 같은 이익 집단의 수단으로 대체되며 자본을 소유한 자와 그렇지 않은 자로 나뉘게 되었고, 자연스레 경제적인 요소가 곧 인간들의 자유 통제를 의미하는 사회에서 등장한 새로운 사회적인 갈등을 의미하게 되었다.

또한 이들은 개인 간의 사유재산의 소유 여부를 강하게 지지하였기 때문에, 경쟁 사회로 변모하게 되는 결과들을 초래하였다.

이는 지금도 개인의 능력과 그 노력 여부라는 합리적인 방법으로, 때로는 권태롭게 정당화하는 수단으로 이용되며 그러한 이익 구조를 가진 사회를 유지하였다.

또한 개인의 이익실현을 향한 열망이 가져온 부차적인 이익으로, 그 이익은 소수만이 아닌, 노동력의 투사가 필요한 모든 부분에서 소수만의 이익이 아니게 되었다.

하지만 이러한 이론은 그 한계점들이 시간이 지나며 명확해졌는데, 이는 개인의 이익실현을 향한 열망에서 경쟁이 아닌 타협을 택한 이들, 그리고 시간이 지나며 당연시하게 등장할 경쟁의 승자가 필연적인 노동력의 독점을 이루게 되며, 더 이상의 부차적인 효과가 그 가치를 잃어 갔기 때문이다.

1776년 애덤 스미스의 《국부론》이 출간된 후 정부가 경제활동에 간섭하지 말라는 자유방임주의가 점차 뿌리내리기 시작하였으며, 같은 시기 산업혁명이 도래하면서 이 사상을 바탕으로 산업 자본주의는 계속해서 그 위세와 함께 성장했다.

산업혁명 후 기계를 이용해서 질 좋은 상품들이 나오자 수공업자들이 몰락하여 도시 노동자로 전락했고, 이에 따라 사람들은 도시로 몰렸으나 일자리 수는 따라 주질 않았다.

기업가들은 정부의 비호를 받은 채 고용의 여탈권을 가지며 싼값으로 고용한 후는 부려 먹으면서 이윤 창출에 주력했으며, 노동자들은 휴일도 없이 하루 16시간이나 일하는가 하면, 여자와 어린이들까지 공장에 내몰렸다.

작업 중 병이 들거나 사고로 다쳐도 이들은 아무런 보상 없이 쫓겨났다.

이에 따라 노동운동이 싹을 틔우기 시작했으며 카를 마르크스의 이론과 같은 반자본주의 성격의 공산주의 체제의 시조들도 출현했다.

이러한 비합리적인 사회의 체제는 곧 붕괴되었는데, 이는 자연스러운 결과였다.

모든 행동에는 결과가 따르기 마련이며, 그 행동으로 인한 과정에서만 이익을 도모할 수 있는 체제였기 때문이다.

이는 사회가 사회의 주인인 다수의 대중들을 위한 이익을 도모하는 것이 아니라, 개인을 위한 이익 실현의 장으로 변모하게 된 것이다.

이는 결국 승자가 사회의 모든 자본을 소유하여 노동력을 투사하는, 비합리적인 사회로 변질되었으며, 그것이 바로 독점 자본주의이다.

소수의 자본이 국가 전체의 산업을 넘어 문화까지 독점하는 독점 자본주의는 점차적으로 제국주의의 발흥을 불러일으켰으며, 넘쳐나는 산업을 감당하기 힘든 시장의 출현을 식민지로 하여금 대체하게 한, 제국주의와도 치환한다.

특히 미국에선 록펠러의 스탠더드 오일, 듀퐁, 맥코믹, 벨 컴퍼니, US 스틸 등 제조업 재벌(트러스트)들이 나오기 시작했고, 산업화에 따른 경제 성장으로 금융업도 같이 발달해 JP 모건, 씨티뱅크 같은 독과점 업체들이 나왔다.

연방정부의 자유방임 속에서 일부 주를 제외하고 대다수의 주들은 세금을 많이 걷기 위해 독점자본을 허용했다.

그러나 독과점의 피해가 점차 커지자 1890년에 벤자민 해리슨 행정부가 '셔먼 독점금지법'을 제정했고, 시어도어 루스벨트 행정부 때 적극 활용하기도 했으나 오히려 대기업들은 법망을 피해서 시장독점을 지속했다.

독점자본주의 시기 자본주의는 유례없을 정도로 그 실패를 여실히 보여주고 있었다.

독과점, 부정적 외부효과, 공공재 부족 등 시장실패가 트러스트 기업들로 인해 극대화되었으며 식민지에서는 비인간적인 착취가 이어졌다.

어쨌든 식민지의 확보로 이루어진 시장에서 팔아온 이익을 사회에 분배하였으면 적어도 점령국의 사회는 유지될 수 있었겠지만 그마저도 잘 분배되지 않아 가계는 점점 수요를 상실했다.

자본주의 강대국의 지배계급은 피지배계급을 착취하다가 한계에 부딪히는데, 피지배계급의 저항의식이 고양되는 데다가 자본가들 사이에서도 원가절감/가격경쟁이 불가피해지기 때문이다.

이럴 때 자본가계급은 제국주의를 실행함으로써 생산된 물자를 식민지에 안정적으로 수출하고, 자원을 저렴하게 강탈하며, 인종주의 등의 이데올로기로 국내 피지배계급의 공격성을 타국(식민지)인들에게로 돌리고, 식민지의 저임금 노동력을 근거로 국내의 임금인상 요구를 억누른다는 것이다.

그러한 실물경제에 대한 모순이 쌓여 일어난 폭풍이 바로 대공황이다.

이러한 모순적인 이론의 주구로 발생한 대량의 실업률의 희생양이 된 대중들은, 사회의 권태를 변혁하기 위한 또 다른 변혁의 여론이 들끓기 시작했다.

이러한 정치적인 기조에 호응하여 이루어진 이론의 개혁들이 존재하고, 이것을 수정 자본주의라고 칭한다.

이 시대에는 루스벨트 행정부의 '뉴딜 정책' 같이 정부가 경제활동에 개입하여 시장을 간섭하고 질서를 바로잡았지만, 기업들은 온갖 규제 때문에 경제적인 활동을 제대로 하기 어려워 실제 경제 발전으로 이어지지 못했고, 부차적인 이익이 없는 사회는 1970년대 '스태그플레이션 사태'로 이어졌다.

이에 맞서 정부의 개입을 최소화하는 것을 주장하는 이들의 이론이 주장하는 것이 신자유주의이며, 이는 지금도 우리 사회에서 그 정도의 수준을 두고 대립한다.

제4차 산업혁명, 특히 인공지능과 로봇의 발전은 자본주의에서 노동의 가치를 거의 존재 의미를 상실하게 만들고 있다.

노동뿐만 아니라 한계생산성이 0으로 수렴하면서 기업들이 이익을 창출하는 일마저도 점점 더 어려워진다.

구글이나 아마존 같은 거대한 플랫폼 회사들은 막대한 수입을 거두는 반면, 많은 기업들은 수익모델이 점점 악화된다.

일자리를 빼앗긴 노동자들은 소수의 고급 전문가를 제외하고는 시장 법칙에 따라 인공지능에 투자할 만큼의 가치도 없을 정도로 부가가치가 낮은 업종에서만 일자리를 찾을 수 있는 저임금 노동자로 전락할 것이다.

이런 양극화는 소비 계층이 있어야 지속 성장할 수 있는 우리의 자본주의 체제를 위기로 몰아가고 있다.

그럼에도 불구하고, 우리에게 다가올 새로운 산업의 혁명은 '자본의 확보가 이루는 노동력의 투사'에서 노동력을 투사하기 위해 필수적인 '노동자'들의 완전한 대처를 예견하고 있다.

그것이 어떤 형태의, 종류의 노동인지를 막론하고 말이다.

물리력을 사용하던 일 대부분은 영국에서 시작된 산업혁명으로 기계에 빼앗겼다. 당연히 일자리의 극단적인 감소가 있었고, 노동 인력의 공급이 수요를 한참 초과하니 실업자가 거리에 넘쳐났고, 그나마 직장을 구한 사람들도 극단적인 저임금에 시달렸다.

초기에는 러다이트 운동 같은 노동자들의 격렬한 반발이 터져 나왔으나, 산업화와 기계화라는 흐름은 막을 수가 없었다. 그리고 오랜 시간이 흐르면서 기술의 발전으로 새로운 산업, 새로운 일자리가 창출되면서 노동자들의 반발은 사그라졌다.

은행원, 의사, 프로그래머, 상담원 같은 직업들 말이다. 그리고 생산력이 향상하면서 복지를 늘릴 수 있게 되어 노동 시장에 남아 있는 불균형을 줄일 수 있었다.

이러한 변화는 산업혁명으로 등장한 신기술의 등장으로 인한 부차적인 효과였다.

하지만 노동력의 전적인 대체는 지금까지 이루어진 적 없었다.

노동자들은 사회의 계층에서 다수의 대중들을 의미하고, 이러한 노동력의 대체는 부차적인 효과의 상실로 노동자들인 대중들이 더 이상 개인의 자유를 의미하는 재화를 추구할 방법이 없어지는, 방법론 그 자체의 상실을 의미한다.

현재의 1차적인 육체노동에 종사하는 이들의 리쇼어링을 통한 기업의 형태로 변모하게 될 것이며, 동시에 노동 그 자체가 필요한 때에만 쓰이는 불안정한 결과를 가지게 된다.

확실한 것은 기계의 노동력은 인간이 따라잡을 수 없다.

그리고 그것은 1차 산업에 의존하는 사회인 개발도상국들의 위주로 사회의 붕괴가 도래하게 될 것이다.

그리고 그 노동력이 투사될 부분들은 단순한 노동뿐만이 아니다.

이에 다른 1차적 노동에 주로 종사하는 사회의 붕괴는, 기술의 발전으로 사유하는 노동에까지 그 영향력을 키워 나가 현재의 선진국들에게까지 영향을 주고, 수많은 실업의 결과를 낳을 것이다.

이에 대해서 점차적으로 이루어진 산업혁명으로 완전히 대체되기까지의 필수적인 노동력은 사기업들 간의 리쇼어링을 통한 이력 자원의 확보를 이뤄 낼 것이다.

이는 노동의 점차적인 대체에서 이루어질, 투쟁이 유명무실하여질 중간 단계를 서술한 것이다.

이는 부차적인 육체적인 노동 일자리의 상실이자 노동가능인구의 1차적인 실업 상태를 불러일으킨다.

그에 이어서, 점진적으로 이루어진 기술의 발전으로 사유하는 단계인 이들이 종사하는 2차적, 3차적인 노동에게까지 실업의 상태를 불러일으킨다.

노동력으로 삶을 영위하는 대다수의 노동자들이 산업의 혁명을 통하여 고용의 비율을 그에 비준하는 실업자의 숫자로 바꾸어 실업률로 치환한다.

노동으로 영위하는 '노동자'에게 어떠한 변수를 통하여 노동가치의 생산이 완전히 무가치하게 만드는 것이다.

그 이후에 권태를 해결하지 않는다면, 또다시 소수의 자리를 위한 경쟁이 과열되고, 이러한 과열된 현상이 반복되며 과정에서의 불공정, 노동의 가치의 모순되는 체제로 인하여 줄어든 노동가능 인구의 상황과 맞물려 종국에는 사회의 붕괴로 귀결된다.

사유하는 존재들이 붕괴된 후로는 그들의 필요를 입증하는 수단인 노동의 투사가 이루어지지 않아 사회의 권태를 변혁하여 개안시킬 수 없기 때문이다.

그리고 이후 2차적, 3차적 노동에 종사하는 이들 또한 점차적으로 대체되어 그 수와 의결권의 수가 줄어든다.

이 과정이 반복되다 보면 대중의 일치가 이루어져도 더 이상 '절대다수'의 대중이 아니게 된다.

그리된다면 사회 변혁의 기회와, 대중을 위한 사회, 대중들은 사라지게 되는 것이다.

그리고 또 다른 확실한 것은 이를 통제할 우리 인간들의 이론들이 정립되지 않았다는 것이다.

이것에 동의하지 않는 다른 이들 중, 합리적인 이들은 국가 간 경쟁에 의하여 반대할 것이고, 자유를 중요시하는 이들의 비합리적인 주장들은 본인의 자유를 위하여 그다음의 사람들에게 본인의 존재가 부자유한 존재가 되어 가 그 누구도 정립된 사회를 바꿀 수 없는 경제적인 개인의 이익 실현을 거부하는, 가장 비자유한 결과를 초래한다.

하지만, 그들의 사회 실현을 향한 노력 또한 마찬가지로 모두 한계를 가지고 있다.

우리는 그들의 합리로 태어난 사회도 한계가 가지고 있음을 알아야만 하며, 그 한계를 이용하여 권태의 개안을 이루어야만 한다.

그들의 한계는 우리가 노동력의 완전한 대체를 좌시하고만 있지 않는다는 것이며, 지금의 이론이 부차적인 이익으로 작용하기에 이루어질 수 있다는 것이다.

그들의 한계는 곧 그들 합리성의 종말이며, 약점이다.

우리는 그들의 약점을 파고들어 새로운 변혁을 쟁취해야 한다.

이는 그들의 사회를 부리는 수단인 생산수단을 사회에 묶어 두는 것으로 시작한다.

그들은 통제되지 않는 생산수단으로 그 결과물을 다시금 소비자인 대중에게 필요로 하여 재화를 얻는 과정에서 이익을 취한다.

그들의 사유재산은 체제와 변혁 이후로도 자유에 의해 보존될 것이지만, 그 수단인 생산수단의 권리는 모두 절반 이상이 국가와 사회에 귀속되어 통제받을 것이다.

물론 그 의결권과 지분을 통한 이익이 부정되는 것은 아니다.

하지만 인간 중심의 노동체제를 위협하는 고용은 외부에 것을 다루는 이익집단에만 이루어진다.

또한 고용의 권리와 사회의 노동으로 쟁취될 자유를 위하여 외부를 위한 사회의 필수적인 부분들에 동원되어 기술의 진보는 제한적으로 투사될 것이다.

따라서 인간의 보완적인 면모를 가진 것이 아닌 기술은, 우리 사회 외부의 경쟁 사회를 향하여만 투사될 것이다.

전기와 통신, 수자원과 식량 자원, 주거 환경의 구성과 같이 인간의 삶을 영위하기 위한 필수적인 부분들은 사회의 통제 하에 이익을 도모하는 것이 아닌 천부인권의 확실한 보장으로 이루어지게 하여 국가에서 마찬가지로 통제되어야 한다.

이는 사유재산의 존립과 경쟁체제의 존립으로 이루어지는 발전적인 면모는 남겨 두되, 기술의 악용으로 인한 인간성의 보장이다.

또한 이러한 과정에서 변혁은 대중들의 반발과, 그 체제에서 우위에 선 이들의 반발 또한 이루어질 것이다.

하지만 전에 설명하였듯이 점차적으로 대체되는 결과로 인해, 그들의 권태는 무너지게 될 것이다.

실업률이 고용가능 인구를 초과하는 사회가 도래하고, 그러한 권태로운 사회에서 이익집단들은 서로 간의 경쟁에만 몰두하며 기술의 발전으로 인한 실업률과 고용가능 인구의 목소리를 듣지 않을 것이 자명하다.

기업들은 이익집단인데, 당연히 대중들을 위하는 것이 아닌 그들 이익의 실현을 바라는 것이 당연하기 때문이다.

이는 그들이 권태롭기 때문만이 아닌 우리 사회가 방법론으로 향유하는 이론의 한계이기 때문이다.

그들의 권태를 막을 수 없으니 이용하려 한 것이, 더 이상 통제되지 않는 것이다.

그리고 그때에, 실업과 인간성의 상실이라는 공통된 문제 앞에서 우리는 다시 인간들의 본연인 합리적인 사고를 재개한다.

동일한 문제를 합리적인 사고로 사회에 대한 의무를 다하려는 대중의 일치로 하여, 우리들의 사회가 마주한 사회에 대해 변혁이 시작되는 때이다.

충분한 절대다수의 대중의 일치가, 합리적인 사고를 통하여 우리 사회의 변혁을 주도하는 것은 당연한 권리이자 우리 사회에 대한 필연적인 의무이다!

그리고 그때에 그들은 그들만을 위한 사회로 우리 사회가 쉽게 변모하지 못할 것이라는 사실을 깨우치게 될 것이다.

이는 그들의 이익 추구를 도모하지 않는 이상, 벌어질 필연이다.

이러한 변혁을 이루지 못한다면, 대중들은 고용된 자와, 그러지 않은 자로 나뉘어 일치를 이뤄 내지 못한다.

그때가 바로 우리 인간들을 위한 천부인권의 종말이자 사유의 종말, 사회의 몰락이다.

이에 맞서 대중들은 의무로서 우리 사회를 위한 투쟁을 시작해야 하고, 응당 그럴 것이다.

방법론의 차이가 그것을 더디게 만들지라도 말이다.

방법론의 차이는 존재할지 몰라도 그것이 추구하려는 목적은 같으니 대중들은 합리적인 사고로 이를 판단하며 사유할 의무가 존재한다.

지금 사회를 변혁하는 것뿐만이 아닌 변혁 후의 사회도 그들은 마주할 것이기 때문이다.

이러한 과정에서 물리적인 수단의 동원은 일어나선 안 될 것이다.

그러한 수순을 밟는다면 최후의 방법론으로 쓰여야만 하며, 쓰인다고 하여도 그 지경을 목도한 사회는 우리의 편이 아니기 때문이다.

사회가 권태에 찌들어 물리적인 수단의 동원이 시작되면, 사회에 통제를 받는 그것은, 대중들을 향해 총부리를 겨눌 것이고, 그러한 결과로 막을 수 없는 사회에 메시지를 던지는 의미뿐이지, 더 많은 대중을 향한 고통만이 남아 있을 것이다.

이는 평시에는 비합리적이고 극단적인 최후의 수단이며, 이를 통한 인명의 피해는 극심하리라는 것을 여러분들 또한 잘 알고 있기 때문이다.

그리하여 우리는 최후에만 그 수단을 동원해야 하며, 합리적인 사고로 이를 지양해야 할 것이다.

항상 우리의 사회를 향한 의무가 합리적인지, 그것이 정당한 것인지, 이론의 주구를 주장하는 자들의 목소리를 비판적으로 받아들이며 그 이론을 적용시킬지의 여부와, 그 변혁이 이루어지는 방향이 정당한지를 모두 고려해야 한다.

물론 이러한 방법론의 기초를 여러분들이 합리적이지 않다고 판단할 수도 있을 것이며, 또 다른 이론의, 다른 방법론의 제시도 본인의 주장으로 이루어질 수 있다.

그리고 벌어진 결과에 대해서 감정적인 소비와 이해의 여부는 중요치 않다.

그것을 어떻게 우리가 사유하는가가 가장 중요한 관건이라고 할 수 있다.

하지만 중요한 것은, 여러분들이 어느 계층에 속해 있건, 어느 방법론을 지향하던, 권태로운 이들이건 그렇지 않은 이들이건, 여러분들에게는 사회적인 의무와 책임이 있음을 이 책을 통해서만이 아닌, 본래의 그것임을 알고 있을 것이다.

그런 개안을 지향하며 권태를 지양하고, 우리 사회를 합리적으로 사유하여 본다면 우리는 언제 그래왔듯이 문제들로부터 이 사회를 개안할 수 있을 것이다.

그렇다면 우리의 사회 변혁은 필연적이며, 그것을 역사가 증명함을, 그리고 그 결과에 대해서도 합리적인 추론이 가능해질 것임을, 정의로운 사회가 도래하리라는 것을 필자 본인은 믿는다.

그 사실을 믿어 의심치 않는다.

앞으로 여러분들을 통해 이루어질 변혁이 우리 사회의 권태를 개안하리라는 것을, 그리고 그 방법론과 새로이 변혁될 사회의 모습이 여러분들 손으로, 대중들의 합리적인 의결로 이루어지리라는 것을 명심하길 바란다.

10.

이성의 개화를 통한 정당한 분노

우리는 사회가 갖는 본질적인 존재의 이유와 그 가치를 사유하였고, 그러한 사회의 권태를 야기하는 이념들과 비합리적인 존재들 또한 사유하였다.

그리고 지금, 미래에 벌어질 사회의 권태를 또한 마찬가지로 알아보았다.

하지만 그렇다면 그러한 권태에 마저 벌어질 변혁은 어떻게 이루어져야 하는가?

이것을 규정하여 사유하기 이전에, 우리가 같이 사유한 내용들을 기억하며 정리해 보겠다.

그리고 또한 지금까지의 내용을 정리하기 이전에, 한 가지 명확하게 해둘 것이 있다.

수없이 강조한 내용인, 사회는 대중을 위하는 도구이자 필연적인 천부인권의 실현을 위한 도구라는 것을 말이다.

그리고 이론은 그러한 사회를 지탱하는 도구이다.

하지만 우리의 권태로운 본성은 그것들을 위협한다.

그리고 그러한 권태의 완벽한 통제는 이루어질 수 없다.

역사가 그것을 증명한다.

동유럽의 공산권역 붕괴와 같이 말이다.

그리하여 우리는 본성의 통제가 아닌 본성을 수단으로 만들어 이용하기로 결정했다.

그러한 체제는 우리 사회가 이룩하여 추구하는 자유의 것으로, 개인이 각자의 개인의 이윤추구를 위한 재화를 둔 투쟁의 시작이었다.

비합리적인 결과를 막기 위하여 원칙들을 세우고, 개인이 재화의 생산수단을 만들어 소유할 수 있게 하였으며, 이는 경쟁을 위해서는 필수적인 소유이다.

그것은 개인이 재화를, 이윤을 갖게 하는 물질을 의미하고 그리고 그러한 자유로운 이익 추구의 투쟁에서 경쟁자들은 그들 개인의 이익 실현을 위한 경쟁에서 필수적인 부분인 '노동력'의 확보를 위하여 노동 가능한 대중들, 노동자들을 고용한다.

그리고 그들의 노동으로 하여 생산된 물질과 그로 벌어들이는 재화를 이윤으로 남기며, 그들에게 임금을 지불한다.

그리고 그러한 과정에서도 그들 개인의 더 많은 이익 실현을 위한 소비자들의 편의와 소비 증진을 위한 질 좋은 상품과 서비스를 제공한다.

이는 개인의 욕망 실현을 위한 다른 이들을 향한 권태를 이용하여 대중 사회의 본분을 다하는 것이다.

모든 이론이 가지는 한계이자 공통점인 시간과 그 상황의 한계에 봉착했다.

그 시대와, 절대적이라 칭할 수 있는 자연적인 법칙에 의한 기술의 발전, 그리고 우리 사회에 대한 외부적인 상황과, 우리 내부의 정치적인 기조에 따른 인간들 개개인의 독립적인 사유에 따라 사회의 유지와 발전을 위한 완벽한 방법론의 도출 방식은 달라진다.

이전에 설명하였듯이, 모든 완벽한 이론의 주구를 다루는 이들은 그 완벽함을 수행하는 주체가 불완전하다는 것을 깨달아야만 한다.

전에 설명하였듯이 이론은 완벽한 경우가 더러 존재한다.

그것이 우리의 사회를 유지하는 방법으로도, 대중을 위하는 의무의 의미에서도 동시에 양립하며 말이다.

사회와 이론이 언제나 그 목적에 일치되어야만 하는 것은 아니다.

언제나 목적과 수단이 일치하지 않는 것도 아니며, 언제나 수단이 목적과 일치해야 하는 것도 아니다.[16]

시간과 달라지는 상황의 변화는 우리에게 이론의 실패 가능성을 보여 주고, 그러한 가능성은 곧 이론의 한계로 변모한다.

지금까지의 이론들의 모순점들을 우리는 그 가능성을 알고 미리 조치하든, 그 후에 조치했든, 이론의 한계의 가능성을 '이론의 변혁'으로 막아내었다.

지금까지의 모순들과 보인 한계는 우리 이론의 맹점이고 사회의 계층들로 야기되어 부추겨진 권태의 모순이었지, 이론 그 자체가 가지는 의미의 부정은 아니었다.

이러한 모순점들에 불구하고 이론이 주장하는 사회의 유지를 추구하는 최종적인 목표는 그 주장한 바가 달라지지 않기 때문이었다.

이론은 사회를 위해 존재하는 우리의 방법론인 수단이며, 하부구조이며, 그리고 그러한 사회는 대중을 위해 존재하는 우리의 이상인 목적이며, 상부구조이다.

---

16) 레프 트로츠키의 어록

이 둘은 서로 상호작용한다.

서로에 필요로 인해 이루어진 동맹이다.

하지만 항상 기억하라, 이론은 그저 도구에 지나지 않는다는 사실을 말이다.

이론을 '이념'으로 삼는 자들은 의무를 가져 그것이 진실이라 믿는 지식인이 아니고서야 권태로울 이들이다.

우리는 이전의 수많은 철학자들, 사회학자들, 경제학자들이나 정치인들과 같은 학자들이 현재의 자본주의 체제가 가진 본질적인 한계와 모순으로, 우리 사회를 유지하는 이론으로서 스스로 붕괴할 것을 예측하였지만, 그들의 이론에 대한 그들 스스로의 태도들 중, 절반은 틀리고 절반은 맞다.

옳은 것은 바로 붕괴할 것이라는 사실과, 틀린 것은 그 까닭과 이유가 스스로의 모순 때문이라고 설명하였음을 말이다.

그들은 이론이 가진 모순들로 만들어진 사회의 변혁이 대중의 일치를 불러일으켜 일어나게 될 것이라고 말이다.

하지만 대중의 일치가 일어나기 이전에, 사회는 기반을 두는 이론의 모순된 것들을 억제하기 시작하였다.

하지만 이론의 변혁으로 인하여 대중의 일치는 일어나지 않았고, 이론을 구성하는 한계들의 가능성은 통제되었다.

그러한 변혁으로 인하여 원칙들이 세워졌고, 그로 인해 상부구조인 사회에 나타난 권태와 모순들을 통제할 수 있었다.

물론 이러한 결론은 귀납적인 결론을 내리기 이전, 선결적으로 대중들의 정부가 그러한 통제를 가할 수 있는, 사회가 이론의 권태에 의하여 완전히 변모한 경우가 아닌 이상이다.

정치적인 문제에 대한 경우도, 경제에 관련하여서 우리의 부차적인 이익을 위한 통제의 수준을 논의하는 것이라 할 수 있다.

이러한 통제는 언제나 잘 이루어지는 것은 아니며 명백히 우리를 상대로 벌어지는 사실이고, 그것은 권태가 되어 우리 곁에 남아 있다.

그리고 그것은 이론의 모순인 개인의 이익 추구를 수단으로 삼은 점과 맞물려 계층들의 권태로 인해 각기 다른 방식으로 발현한다.

무엇이 이론의 근본적인 모순인지는 자유를 의미하는 재화의 소유를 사회가 아닌 개인이 추구하는 이익실현에 맡긴 것을 생각하여 보자.

우리는 평등하면서 기회를 움켜쥘 수는 없다.

그것을 완벽하다 믿으며 모순적으로 양립시킬 뿐이다.

지금까지의 서술들은 우리의 사회가 지금까지의 이론과 계층에 따라 이루어진 권태를 몇 가지 설명한 것이다.

하지만 우리 사회는 아직까지는 꽤나 잘들 돌아간다.

또한 그렇다면 과연 무엇이 이 권태들을 악화시키는 것일까?

이전에 설명한 우리의 사회에서 벌어지는 본질적인 권태인 것인가?

아니면 우리의 이론으로 등장한 새로운 방식으로 무장한 계층들에 의한, 새로운 권태?

본질적인 사회의 계층들의 세 가지 계층들과 그로 인한 권태들은 이미 설명하였다.

그리고 그러한 계층들이 어떤 방식으로 권태로워지는지는 그 시대와 상황마다 우리가 적용한 이론에 따라 바뀐다.

그리고 그 이론에서 상부구조의 권태들이 어떻게 하부구조인 이론의 통제를 벗어나게 만드는지도 말이다.

대중들의 권태가 이론의 통제를 약화시킨다.

이론에게 이루어지는 통제는 이론이 추구하는 목표가 사회의 유지임을 그 목적에 있어 변모하지 못하게 하는 필수적인 존재이다.

다만 이론으로 재화를 다루는 것이 중요하게 대두되었는데, 그것은 지금 이러한 이론에 큰 영향을 준다.

사실, 그러한 이론의 거두로 대부분의 분야에서 재화를 소유한 이들의 입김이 미치지 않는 곳은 없다.

지금의 세상이 추구하는 이론은 개인이 자유로운 세상 아닌가?

그리고 그러한 변화로 인하여, 누군가의 이익 추구도 자유로워지기 마련이었다.

전에 말하였듯, 우리 대중들, 대부분의 '노동자'들은 합리를 지향한다.

물론 '엘리트'들, 자본가들 또한 합리적이다.

우리의 구분은 신분이 아닌 자본에 의해 이루어진다.

그러한 사회를 이뤘으니, 그 하부구조인 경제적인 요소 또한 우리를 따라잡았다.

무엇을 위한 합리인지, 합리라는 같은 배를 탔지만 그 목적지가 다르기에 문제가 된다.

신분이나 가문, 종교와 같은 사회의 이론은 비합리적이었고, 그것은 타도되었다.

그것을 대중들이 원한다고 하여도 그것이 합리적인가?

그 질문에 대한 답은 바로 "아니다."라고 할 수 있다.

대중의 일치 또한 비합리적인 주구에 빠질 수 있다.

거기에다, 그들의 사회는 겉으로는 합리적이어서 더욱 일치가 이뤄지기 쉽지 않다.

대중의 일치는 정보와 언론을 다루는 지식인들의 권태, 집단주의와 비합리성의 노예를 자처하는 대중들의 권태, 이익 독점과 그것을 정당화하는 엘리트들의 권태 이 모두가 대중의 일치를 통한 사회의 변혁을 방해한다.

특히나 이러한 권태들의 순환과 생성으로 그 세와 붕괴의 가능성은 더욱 커져 간다.

그러하기 때문에 사회의 하부구조이자 지탱하는 이론 또한 권태로워지기 마련이다.

그것의 강도와 규모는 커져 가며, 우리의 의무는 개안하지 못한다.

이러한 상황에도 이론의 붕괴는 이루어지지 않는다(예전의 붕괴를 예견했던 이들의 이유와는 다르게 말이다).

이론의 붕괴를 주장한 대표적인 학자인 마르크스의 이론은 이러하다.

잉여가치의 분배를 둘러싸고 지배 계급들 사이에도 마찬가지로 이익을 염두에 둔 대립이 존재하지만, 이 대립은 노동자 계급이 창조한 잉여가치의 분할을 둘러싼 것이므로 지배 계급들은 노동자 계급을 착취하는 데 공동보조를 취한다는 것이며, 자본주의 사회는 인류 역사의 특수한 단계에 속한다고 주장하였다.

다시 말해 자본주의는 연구 불멸하는 사회 형태가 아닌 새로운 사회로 바뀔 수밖에 없다는 것으로 의미한다.

생산의 목적이 인간의 욕구와 필요를 직접적으로 충족시키는 것이 있는 것이 아니라 자본가 계급의 이윤 획득이 있다는 것이다.

무계획적인 생산에서는 개별 자본가들이 새로운 상품과 생산 방법을 경쟁적으로 도입하기 때문에 유행에 뒤떨어진 상품을 생산하는 자본가나

낡은 생산 방법을 가지고 있는 자본가든 파산할 수밖에 없으며 이에 따라 인적 물적 자원이 대규모로 낭비된다.

자본주의 사회는 다른 모든 역사적인 사회와 마찬가지로 당연히 몰락할 것이지만 몰락의 주된 이유는 경제 위기와 공황이 심각해지면서 사회의 물적 인적 자원이 점점 더 낭비된다는 점과 이 과정에서 자본가 계급과 노동자 계급 사이에 투쟁이 격렬해진다는 점에 있다.

경제 위기와 공황은 자본주의적 생산관계 또는 자본가 계급이 거대한 생산력을 제대로 관리하지 못하고 있음을 분명히 보여 준다.

이에 마르크스는 자본주의 체제가 붕괴하리라는 것을 이론의 모순과 비판받을 점에서 찾았는데, 그 이유들로는 이러한 것들이 있다.

첫 번째로는 생산의 목적이 필요의 충족이 아닌, 자본가 계급의 이윤 획득이 그 이유이다. 두 번째로는 경제를 이루는 요소인 제일 중요한 생산의 무계획적인 존재가 그 존재이다.

세 번째로는 인류의 역사는 계급 투쟁의 역사로서, 공황으로 촉발되어 부르주아와 프롤레타리아 계층과의 격렬한 계급 투쟁으로 인해 이론의 붕괴를 예견하였다.

하지만 이론의 붕괴는 이론의 변혁으로 인하여 이루어지지 않았다.

그 붕괴 자체는 사회의 최악의 상황에서 이루어지기 때문인데, 이론 그 자체를 부정하는 최악의 상황이 지금 전례 없이 우리를 마주하고 있다.

그리고 사회 대중들의 변혁으로 이뤄 낼 이론의 대체는 사회의 유지를 위해 필연적이다.

주장한 바가 부정되기 시작하여 사회의 붕괴를 막기 위함이다.

사실 붕괴가 아닌, '합리적인' 방법을 통한 사회 존재가 갖는 목적의 대체라고 하는 것이 올바를 것 같다.

이는 단순한 권태로 이루어지는 한계가 아니다!

이론이 가지는 방법으로서의 의미가 전부 부정된다는 의미이다.

누군가는 열망의 기회로 여기는 이론은, 누군가에게 택하지 않은 원죄가 되어 간다.

그리고 그러한 원죄는 사회의 권태가 되어 간다.

자원의 고갈, 기업에 담합, 소득 양극화와 교육 불평등, 자본가들의 필수 재화 점거, 불균형한 투자와 개인 이익을 위한 공공이익의 축소, 이들은 벌어지는 상황을 벌어질 '수도' 있는 가능성과 그 소수의 사례로 정당화한다.

그리고 성공을 이야기하는 이들은 원죄의 것과 거리가 멀다고 할 수 있다.

하지만 이론은 이제 권태로 인한 실패가 아닌 이론 자체의 부정을 앞두고 있다.

이론은 사회를 지탱하는 도구이다.

도구는 상황에 따라 그 쓰임새와 용도가 다르다.

그리고 그러한 도구를 바꾸는 데 주저하지 말라.

노동력은 개인이 이익을 실현하는 데 있어 필수적인 요소이다.

지금까지 그 노동력의 소유는 인간만의 것이라고 여겨졌다.

그것이 아니면 보초적인 대체만을 예견했거나 말이다.

하지만 전면적인 인간 노동의 대체는 예견하지 않았다.

이는 우리의 그 이론이 대두될 때 고려할 만한 상황이 아니었기 때문이다.

노동의 대체는 육체노동을 전무한 것으로 만들며, 사유하는 노동도 마찬가지로 대체한다.

이는 선진국들의 육체노동을 기계가 대체하는 것으로 나타날 것이고, 완벽한 대처가 이루어지기까지는 개발도상국의 것으로 하청을 맡긴다.

그리고 완벽한 대체로 그것을 의존하는 사회와 그 국가는 붕괴하며, 곧 사유의 노동도 대체되어 노동가능인구들을 실업률과 동등한 수치로 만들어 간다.

노동을 통한 재화의 수익을 얻지 못하는 대부분의 인간들은, 빈자가 되어 자유를 구걸하며 소수는 재화를 통해 권력을 쥔다.

이는 인간의 삶을 영위하기 위한 필수적인 소비재를 생산할 권리를 개인과 그 이익도모를 위하는 기업이 가지는 것을 의미한다.

이 시점에서 대부분의 인간들은 빈자가 된다.

소비가 이루어지지 않고, 이윤을 남길 대상이 없어진 기업들은 재화를 추구하며 이윤을 남기지 못한다.

소비를 위해 존재하는 화폐와 그 재화가 무슨 의미를 갖겠는가?

화폐는 더 이상의 의미를 갖지 못한다.

그저 권력을 의미할 뿐이다.

개인의 이익 추구는 사회의 유지를 위한 수단이 아닌, 우리 사회가 위하는 대상의 의미와 그 권력의 이양을 의미한다.

그리고 그러한 권력의 이양은 대중들의 손에 의하여 만들어진, 대중들을 위하는 권력 주체가 아닌 개인의 이익 실현을 위하는 이들의 이익집단에 넘어가게 되며, 이것은 대중들의 것이 아닌, 이론의 붕괴로 인한 사회 권력의 찬탈이다.

그리고 그 이후에 일어날 일들은 굉장히 우리 사회와 그 대중에게 있어 부정적이라고 할 수 있다.

물론 사회의 실질적인 붕괴 이후의 모습을 예견하는 것은 더 이상 의미가 없다는 사실 또한 독자들은 알 것이다.

권력의 이양이 의미하는 것은 바로 대중들을 위한 사회가 소수의 이익을 추구하는 수단으로 이루어져 갔음을 의미하며, 이는 오히려 그와 반대로 대중들이 소수의 이익을 추구하는 수단으로 변모하는 것을 동시에 의미하기 때문이다.

대중들의 고용 불안정과 노동 능력의 상실로 대중들은 소비할 수 없으며, 소수의 이익을 추구하는 집단은 본인의 소비재들을 재화를 얻으려 사용하는 것이 아닌 단순히 대중들을 통제할 수 있는 권력의 수단으로 사용하게 될 것이다.

그리고 이러한 변화는 우리 사회를 지탱하는 이론에 따라 예견하지 못했던 한계로 인하여 사회 평등을 실현하기 위한 수단이었던 소수의 이익 추구를 그 목적으로 하여 변모하게 된다.

그렇다면 그 이후에 대해서도 사유하여 보자.

러다이트 운동에서 보았듯 기술의 발전과 시간의 흐름을 우리의 통제로 완전히 막아낼 수는 없다.

이전에 설명하였듯, 그것은 문화의 지체를 불러일으킬 것이며 또한 외부 사회의 위협 때문에 우리는 그러한 발전을 멈출 순 없다.

물론 그것이 물리적으로도 관념적으로도 통용 가능한 이야기이다.

노동의 완전한 대체를 통한 그 이후의 사회에서 우리가 재화를 보장받고 현재 통용되는 이론하의 생활을 계속하게 된다면, 그것은 곧 우리의 권리인 자유의 존재를 소수에게 통제하게 하는 것이며, 개인의 이익 추구를 통하여 이익을 얻으려는 사람들에게 우리의 자유를 넘겨주는 것이다.

이것은 우리가 사회를 유지하기 위해서 필요한 경제적 자유주의 이념의 통제이다.

사회의 절대 불변하는 존립의 이유는 대중들의 주체로 이루어져야 한다.

그러한 대중들의 자유를 통제하는 주체는 대중들의 민주적인 선거에 의해 이루어져야 하며 합리적인 방식으로 이루어져야 한다.

다시 말하자면 노동의 대체로 인한 우리의 자유 추구의 상실을 재분배할 대상은 우리 대중에 의해서 이루어져야 하는 것이지, 소수의 이익 추구를 위한 사람들에게 이루어져서는 안 된다는 것이다.

그것은 그들의 자유를 위하여 이익을 도모하는 것이 아니라, 재화라는 명분이 없어진 그들에게 개인의 이익 추구라는 수단이 아닌 우리의 권리를 권력으로 삼으려는 사회의 변질이라고 할 수 있다.

전에도 설명하였듯이, 우리의 사회를 지탱하는 이념들 중 하나인 자유주의 이념에 의하여 개개인들이 자유롭게 이익 추구를 도모할 수 있게 한 것은, 재화를 통해 나타나는 우리 사회의 권리들을 소수가 독점하며 사용할 수 있게 한 것이 아닌 그들의 이익 추구를 위한 본성을 우리 사회의 천부인권 보장과 자유와 평등을 지켜 나가기 위한 수단으로 삼았던 것이다.

하지만 경쟁에서 패배하거나 경쟁에 의거하여 본인의 삶을 이루고 싶지 않은 자들을 경쟁에서 이긴 자들의 소유로 할 수는 없다.

이것을 가능하게 하는 것은 수백 년 전에 만들어진 이론의 한계로 인해 노동력의 인간 노동력의 완벽한 대체를 이야기는 하지 못했던 것이기 때문이었다.

기술은 빠르게 발전하는데, 그것을 통제할 대중들의 이론은 뒤떨어졌다.

만일 인간 노동력의 완벽한 대체가 이루어졌음에도 생산수단을 소수의 이익도모를 위한 자들이 소유하게 된다면 그것은 인간의 권리를 보장할 모두 한 필수적인 재화들을 그들이 소유하게 됨을 의미하며, 모두를 대표하지 않는 자들을 위한 권력의 분배와 이론의 붕괴로 이루어진다.

그러한 이론의 붕괴는 우리 사회의 본질을 흐리며 경직되게 하고, 권태롭게 만들어 지금 존재하는 사회가 대중들을 위한 사회라는 사실을 망각하게 된다.

화폐는 곧 우리의 생존을 위한 권리를 보장하는 지표밖에 되지 않을 것이며, 기업들과 같이 이익 추구를 위하는 집단들은 (물론 그들이 다른 이익을 추구하는 집단과의 경쟁에서 살아남았을 경우에) 우리들을 그러한 생산수단으로 통제하고 핍박한다.

기업들의 권력이 커지며, 더 이상 사회는 그 의미를 상실한다.

그것이 선진국이든, 개발도상국이든, 그 국가들의 대부분의 대중들은 그저 통제받으며 사회 권력을 박탈당한 채 살아갈 뿐이다.

이러한 사실들이 앞으로 변화해 갈 것은 굉장히 점진적으로 이루어지거나, 아니면 급변하게 이루어질 것인데, 급변하게 이루어진 경우에도 마찬가지로 우리 사회의 통제로 인하여 어찌 되었든 결론적으로 점차적인 변화로 맞이하게 될 것이다.

그것이 아니더라도 반발로 인하여 대중의 일치가 감정적으로 일찍 찾아오거나 말이다.

그러한 과정에서 육체노동이 대체되고, 사유의 노동 또한 대체될 것이며, 중국에는 그들을 관리하는 관리자들과 그들의 권리를 보장하는 기술의 변혁만이 우리를 통제한다.

하지만 그러한 과정에서 대중들은 또한 권태로울 것이다.

본인의 고용만을 위해 변혁이 아닌 본인이 필패할 경쟁을 통해 지금까지의 삶을 영위하고플 테니 말이다.

지금까지 나타난 우리의 본성은 그것을 증명한다.

하지만 아직 사회의 변혁의 때는 늦지 않았다.

노동 가능 인구의 숫자가 곧 실업률이 고용률을 뛰어넘어 붕괴되었을 때, 대중의 일치는 필연적으로 일어나게 되며 이러한 투쟁은 곧 그들의 사회적인 권리를 위한 투쟁과도 연결되는 것이다.

그리고 바로 그때에, 사회의 변혁이 일어나게 되는 것이며, 그것을 유지하는 사회 이론의 붕괴는 곧 우리 사회의 새로운 변혁을 의미한다.

하부 구조인 이론이 변형되었을 때, 상부 구조인 사회 또한 변혁하기 때문이다.

이러한 과정에서 대중들은 특히나 더 합리적이어야만 한다.

비합리적으로 난무하는 지식인들의 이론들과, 지도층들의 정당화, 노동의 대체가 후에 이뤄지는 때에 그 존재로 이익을 얻는 엘리트들의 권태와 그것들에 경도되어 의무를 다하지 않는 권태들에 있어서 말이다.

또한 적기조례와 같은 사례들로 인해, 문화 지체가 이루어져 우리 사회가 외부 사회에 대한 위험성을 증가시킬 수 있기 때문이다.

사회의 이상적인 변혁은 그들의 사유 재산을 인정하되 마찬가지로 우리의 사유 재산 또한 보장받는 것으로 나타날 것이다.

물론 사치품과 같은 소비재의 경우와, 그 밖에 본성에 의거한 경쟁심의 존재는 마찬가지로 기업들이 소유하며 이루어지게 해야 하는데, 그 이유로는 생존에 있어 필수적이지 않은, 우리의 허영심과 본성을 채워 줄, 감정에 의거한 재화들은 필수적인 자유와 권리를 위한 물품들이 아니기 때문이다.

그것의 통제는 우리의 또 다른 사회의 이상추구인 자유를 과도하게 통제하는 것이기 때문이다.

다만 노동 의미의 상실로 인하여 이루어진 대중들 본연의 자유 추구권의 박탈로 인해 생산수단들은 오직 대중들의 합법적인 선거로 그 분배가 이루어지거나, 대중들의 지지를 받는 집단에 의해서 소유되어야만 한다.

중간 과정인 재화의 존재가 아닌 생존을 위한 물질 그것 자체를 분배하기 위한 경쟁으로 우리의 경쟁 사회는 변모될 것이다.

그것들을 통한 개인의 이익 실현, 만족은 대중들의 것이지, 통제할 대상은 아니다.

그러한 이론들의 붕괴는 이미 이루어졌기 때문이다.

지도 계층들의 변화는 또한 합리적으로 이루어져야 하며, 이양 받지 않은 권력의 탄생인 생산수단의 소유로 만들어진 기업에 의해서가 아닌 개인의 능력으로 경쟁하며 이루어질 것이다.

삶을 영위하기 위해 필요한 필수재를 분배하는 일에는 권력이 뒤따르고 재화를 추구하는 이들의 이면에도 권력을 추구하는 본인들의 본성이 존재하기 때문이다.

이것은 노동 의미가 상실된 다음 능력을 통한 경쟁으로 재화가 아닌 권력 그 자체를 경쟁하게 되는 의미이며, 이러한 권력은 오직 대중들을 위해서만 존재하되 또 다른 통제로서 대중들을 위해 존재해야만 한다.

이 과정에서 새로이 발생할 권태들은 물론이다.

물질들로 하여 우리를 자유롭게 하고 우리의 권리를 보정할 수 있는 생산수단들은 대중들을 위한 합법 정부에 의해 관리되어야 하며, 그러한 합법 정부의 관리를 이루는 주체들은 대중들의 능력 검증을 통한 새로운 경쟁의 형태로 나타나 통제될 것이다.

이는 이론의 변혁으로 인한 우리 사회의 새로운 변혁이게 될 것이다.

이러한 변혁은 소수의 이익 실현을 위한 경쟁의 장을 열어 줄 수 있을 뿐만 아니라 그것을 이용하여 대중들의 권리 또한 보장받을 수 있는 방법이다.

이러한 투쟁에 불씨가 타올랐을 때 대중들은 항상 합리적으로 사회화하며 폭력을 수반한 변혁은 최대한 지양되어야만 한다.

다만 그러한 방법론의 등장과 실현은 지금이 아닌, 다가올 미래의 상황과 대중에 의하여 이루어질 것이므로, 거듭 강조하였듯이 항상 합리적으로 우리 대중들은 사유하여만 할 것이다.

어떠한 방식으로, 어떠한 주구의 방법론으로 우리의 변혁이 이루어진다 하여도, 그것은 대중들에 의해 일어날 것이며, 당신 스스로가 추구하는 테제에 의하여 이루어질 것이다.

그러한 방법론의 실현이나 제안, 예견은 필자의 비루한 것으로 감히 이뤄지기에 역부족하다.

사회가 무엇을 위해 존재하는지를 알며, 무엇으로 변혁하며 어떠한 방식으로 존재하여 왔는지, 계층들의 권태와 그 권태를 야기하는 존재들이 무엇인지, 또한 무엇이 비합리성을 띄며, 합리성을 띠는지, 그러한 합리성의 함양이 무엇을 의미하는지를 이미 알고 있는, 당신이 이룰 세상이자 새로운 사회의 모습은 긍정적일 것이라 믿는다.

비록 이론의 붕괴가 우리 사회가 이전에 예상한 대로 벌어지지 않았다고 하여도 말이다.

서론에서 필자가 서술하였듯, 본인인 인간을 믿는다.

본인은 새로운 세상을 만들어 낼 당신을 믿는다.

이 글을 읽는 사람들이 곧 대중이 되며, 그러한 의식을 가지고 의무를 다 하리라 믿는다.

명심하라, 누구도 당신의 주인이 아니며, 당신만이 권리를 갖고 있음을, 당신만이 새로이 변혁할 사회의 주인임을 말이다.

항상 사유하라, 사회는 그대를 위해 존재한다.

본성에 의해 권태로울 때가 있지만, 의무를 향하여 결국엔 합리적일 그대들, 대중을 위해서 말이다.

사회계몽론

ⓒ 송원영, 2024

초판 1쇄 발행 2024년 3월 28일

지은이   송원영
펴낸이   이기봉
편집   좋은땅 편집팀
펴낸곳   도서출판 좋은땅
주소   서울특별시 마포구 양화로12길 26 지월드빌딩 (서교동 395-7)
전화   02)374-8616~7
팩스   02)374-8614
이메일   gworldbook@naver.com
홈페이지 www.g-world.co.kr

ISBN   979-11-388-2904-5 (03100)